Ökologien der Erde

Weitere Titel in dieser Reihe

Florian Sprenger *Politik der Mikroentscheidungen: Edward Snowden, Netzneutralität und die Architekturen des Internets | The Politics of Micro-Decisions: Edward Snowden, Net Neutrality, and the Architectures of the Internet*

Irina Kaldrack, Martina Leeker (Hg.) *There is no Software, there are just Services*

Martin Degeling, Julius Othmer, Andreas Weich, Bianca Westermann (Hg.) *Profile: Interdisziplinäre Beiträge*

Howard Caygill, Martina Leeker, Tobias Schulze (Hg.) *Interventions in Digital Cultures: Technology, the Political, Methods*

Andreas Bernard, Martina Leeker and Matthias Koch (Hg.) *Non-Knowledge and Digital Cultures*

Digital Cultures Series

Herausgegeben von Andreas Bernard, Armin Beverungen, Irina Kaldrack, Martina Leeker, Sascha Simons und Florian Sprenger

Eine Buchserie des *Centre for Digital Cultures*

Ökologien der Erde: Zur Wissensgeschichte und Aktualität der Gaia-Hypothese

Alexander Friedrich, Petra Löffler,
Niklas Schrape und Florian Sprenger

Bibliographische Information der Deutschen Nationalbibliothek
Die Deutsche Nationalbibliothek verzeichnet diese Veröffentlichung in der Deutschen Nationalbibliographie; detaillierte bibliographische Informationen sind im Internet unter http://dnb.d-nb.de abrufbar.

Veröffentlicht 2018 von meson press, Lüneburg
www.meson.press

Designkonzept: Torsten Köchlin, Silke Krieg
Umschlaggrafik: © Lily Wittenburg
Korrektorat: Sabine Manke

Die Printausgabe dieses Buchs wird gedruckt von Lightning Source, Milton Keynes, Vereinigtes Königreich.

ISBN (Print): 978-3-95796-120-4
ISBN (PDF): 978-3-95796-121-1
ISBN (EPUB): 978-3-95796-122-8
DOI: 10.14619/1204

Die digitale Ausgabe dieses Buchs kann unter www.meson.press kostenlos heruntergeladen werden.

Inhalt

Einleitung

Alexander Friedrich, Petra Löffler, Niklas Schrape und Florian Sprenger

Seit den 1970er Jahren gibt Gaia, die altgriechische Personifizierung der Erde und Mutter der ersten Götter, dem von James Lovelock und Lynn Margulis entwickelten Konzept einer planetarischen Entität aller Lebensprozesse ihren Namen. Als globaler homöostatischer Regelkreislauf, als aktives und adaptives Kontrollsystem, wie es der für die Mars-Mission der NASA arbeitende Biochemiker und Ingenieur Lovelock ausdrückt, verkörpert Gaia die kybernetisch verschränkte Gesamtheit aller Lebensvorgänge auf der Erde.[1] Das Konzept dient seitdem dazu, das Wissen der akademischen Ökologie in den Rahmen einer zugleich naturwissenschaftlich fundierten wie metaphysisch aufgeladenen Welterklärung zu fassen und zugleich mit der Dringlichkeit einer bevorstehenden Katastrophe aufzuladen. In dieser Hinsicht hat die lange Zeit aufgrund ihrer mystischen Anleihen wissenschaftlich abgewertete Hypothese angesichts des jüngsten Aufschwungs ökologischer Fragestellungen auch außerhalb der Fachdisziplin der Ökologie erneut Interesse auf sich gezogen. Diese diskursive Konstellation, in der ökologisches und systemtheoretisches Wissen, die lebensweltliche Virulenz des Klimawandels, die Metaphysik einer emergenten planetarischen Einheit, das Nachleben holistischer Denkfiguren und eine spezifische Medien- bzw. Computertechnik zusammenkommen, lässt es sinnvoll erscheinen, die Geschichte der Gaia-Theorie aus medien- und kulturwissenschaftlicher Sicht in den Blick zu nehmen.

1 Vgl. James E. Lovelock und Lynn Margulis, „Atmospheric Homeostasis by and for the Biosphere: The Gaia Hypothesis," *Tellus: Series A* 26, Nr. 1–2 (1974) sowie James E. Lovelock und Lynn Margulis, „Biological Modulation of the Earth's Atmosphere," *Icarus* 21 (1974).

1972 erstmals formuliert, beschreibt die Gaia-Hypothese den belebten Bereich der Erde (*biosphere*) als ein biologisches Kontrollsystem (*biological cybernetic system*), das in der Lage ist, die physikalischen und chemischen Lebensbedingungen der Erde so zu regulieren, dass die Zusammensetzung der Atmosphäre des Planeten für alle Lebewesen stets optimal gehalten wird.[2] Ausgehend von der Frage, wieso die Atmosphäre der Erde in ihrer chemischen Zusammensetzung weitestgehend stabil ist, entwickelt Lovelock, mit Bezug auf biochemische, astronomische und meteorologische Befunde sowie vom kybernetischen Vorgehen des Ökologen George Evelyn Hutchinson beeinflusst, die These, dass der Lebensraum der Atmosphäre wenige hundert Meter um den Planeten ein Produkt der Lebensprozesse auf der Erde sei. Das Lebendige schafft sich demnach seine eigenen Bedingungen. Als lebendiger Planet *hat* die Erde keine Biosphäre, sondern sie *ist* die Biosphäre.

Diese viel diskutierte Verlebendigung des Planeten ist im Entstehungskontext dieser Theorie eine durchaus konsequente Fortentwicklung der Idee des Ökosystems. Das Umgebende und das Umgebene sind demnach ineinander verschränkt und bilden darin gemeinsam das Leben. Ihr Verhältnis, das seit der

2 James E. Lovelock, „Gaia as Seen through the Atmosphere: Letter to the Editors," *Atmospheric Environment* 6, Nr. 8 (1972): 579. Eine Vielzahl an Arbeiten thematisiert die Bedeutung dieses Konzepts für das Selbstverständnis der Gegenwart: Ellen Cronan Rose, „The Good Mother: From Gaia to Gilead," *Frontiers: A Journal of Women Studies* 12, Nr. 1 (1991); Laurence Levine, „GAIA: Goddess and Idea," *Biosystems* 31, Nr. 2–3 (1993); Crispin Tickell, „Gaia: Goddess or Thermostat," *Biosystems* 31,Nr. 2–3 (1993); J. Donald Hughes und Richard Frank, „GAIA: Environmental Problems in Chthonic Perspective," *Environmental Review* 6, Nr. 2 (1982) (Special Issue: Papers from the First International Conference on Environmental History, Autumn 1982); Anne Primavesi, *Gaia's Gift* (London/New York: Routledge, 2003); Rosemary Radford Ruether, *Gaia & Gott* (Luzern: Edition Exodus, 1994); Clare Palmer, „A Bibliographical Essay On Environmental Ethics," *Studies in Christian Ethics* 7, Nr. 1 (1994); Paul W. DeVore, „Cultural Paradigms and Technological Literacy," *Bulletin of Science Technology Society* 7, Nr. 3–4 (1987); Damiano Bondi, „Gaia and the Anthropocene; or, The Return of Teleology," *Telos* 172, Nr. 3 (2015).

Jahrhundertwende die Dyade von *environment* und *organism* in der entstehenden Wissenschaft der Ökologie organisiert, wird von Lovelock und Margulis konsequent neu bestimmt: Das *environment* ist demnach nicht etwas Totes, das Lebendiges umgibt, sondern deren Verschränkung ist das Leben. Lovelock schlägt vor, das System aus *environment* und Organismen selbst als eine lebendige Entität zu betrachten, die kraft emergenter Eigenschaften das Leben in einem Gleichgewicht mit seinen Lebensbedingungen hält. Das kontinuierliche negative Feedback zwischen Organismen und ihren *environments* stabilisiert die Lufttemperatur, den CO_2-Gehalt, den Salzanteil im Meer und die Zusammensetzung der Atmosphäre, womit die Bedingungen gesichert werden, unter denen sich Leben erhalten und neues Leben entstehen kann. Die regulative Funktion der Beziehung der Totalität aller Organismen und ihrer gemeinsamen Umwelt hält die Biosphäre im Gleichgewicht. Organische und anorganische Prozesse führen im Verbund zu einem komplexen System der Selbstregulation, das die Lebensbedingungen auf der Erde in einen metastabilen Zustand bringt.[3] Der lebensfreundliche, lebendige Status des Planeten ist demnach Ergebnis der biochemischen Vorgänge auf der Erdoberfläche.

Die Gaia-Theorie ist dabei gleichermaßen Produkt ihrer Zeit wie ein Ausblick auf eine kommende Zukunft: Im Kontext der aufstrebenden Umweltbewegungen, der Hippie-Kultur, die sich freudestrahlend als Teil Gaias begreifen, aber auch der NASA-Missionen und der Entwicklung neuer Computertechnologien zur Simulation biochemischer Prozesse, wird Lovelocks Ansatz als Artikulation zentraler Spannungen und Herausforderungen

3 Peter Ward hat in *The Medea Hypothesis* von der Harmonie der Selbstorganisation Abstand genommen und Lovelocks Priorisierung des negativen Feedbacks kritisiert. Für Ward sind Ökosysteme nicht homöostatisch, sondern neigen zu chaotischen und katastrophalen Ausbrüchen durch positives, verstärkendes Feedback. Daher setzt er Lovelocks Gaia-Hypothese seinen Ansatz der Medea-Hypothese entgegen. Vgl. Peter Douglas Ward, *The Medea Hypothesis: Is Life on Earth Ultimately Self-destructive?* (Princeton: Princeton University Press, 2009).

dieser Zeit lesbar. Heute, unter den Vorzeichen des Anthropozäns[4], digitaler Kulturen und ungekannter globaler Vernetzung, gewinnt die Gaia-Theorie in verschiedenen Kontexten neue Evidenz. Diesen Plausibilitäten spüren die Beiträge dieses Bandes nach, untersuchen sie hinsichtlich ihrer Genealogien sowie historischen Wissensformationen und folgen den in ihnen formulierten Begehren. Diese Einleitung soll einen ersten Überblick über das Entstehen der Theorie und den Zusammenhang der vier folgenden Kapitel geben.

Leben auf dem Mars

Als Lovelock die Gaia-Hypothese Ende der 1960er Jahre entwickelt, ist er als *consultant* für die *National Aeronautics and Space Administration* (NASA) engagiert. Die US-amerikanische Weltraumbehörde arbeitet zu dieser Zeit an der *Viking*-Mission zur Erkundung möglichen Lebens auf dem Mars. Da Roboter diese Aufgabe erfüllen müssen, stellt sich das Problem der technischen Identifizierbarkeit von Leben: Wonach genau sollen die Maschinen suchen? Welche Daten wären ein überzeugender Beweis für das Vorkommen von Leben? Lovelock hatte bereits 1957 ein Gerät zur Bestimmung der Konzentration und Bewegung atmosphärischer Gase erfunden, den sogenannten *electron capture detector,* den auch die Umweltaktivistin Rachel Carson für die Untersuchungen zu ihrem einflussreichen Buch *Silent Spring* verwendet.[5] Als die NASA auf dieses Gerät aufmerksam wird, engagiert sie Lovelock für die Konstruktion von Instrumenten zur Erkundung fremder Planeten.[6] Während seiner Arbeit am *electron capture detector* kommt Lovelock die Idee, statt auf der

4 Vgl. Will Steffen et al., „The Anthropocene: Conceptual and Historical Perspectives," *Philosophical Transactions of the Royal Society A: Mathematical, Physical and Engineering Sciences* 369, Nr. 1938 (2011): 842–867.

5 Rachel Carson, *Silent Spring* (Boston: Houghton Mifflin, 1962).

6 Vgl. James E. Lovelock, *Das Gaia-Prinzip* (Zürich/München: Artemis & Winkler, 1991). Zur Beschreibung des Detektors vgl. James E. Lovelock, „A Sensitive Detector for Gas Chromatography," *Journal of Chromatography A* 1 (1958) und

Planetenoberfläche nach einzelnen Lebenszeichen zu suchen, einfach dessen Atmosphäre zu analysieren.[7] Wenn es Leben auf dem Mars gäbe, so die These des Biophysikers, müsse sich dies in der Atmosphäre niederschlagen, weil sie für alles bekannte Leben Rohstoffquelle und Mülldeponie zugleich sei. Der Stoffwechsel des Lebendigen beeinflusst ihre Zusammensetzung entscheidend und genau dieses Faktum würde die Atmosphäre eines toten Planeten von derjenigen eines mit Lebewesen bevölkerten unterscheiden.[8]

Zwar weiß man zu diesem Zeitpunkt noch nicht viel über die Beschaffenheit der Marsatmosphäre. Doch 1965 werden die ersten astronomischen Infrarotmessungen durchgeführt – mit dem, nach Lovelocks Einschätzung, sehr entmutigendem Ergebnis, dass die Marsatmosphäre, im Gegensatz zur Erdatmosphäre, hauptsächlich aus Kohlendioxid besteht und damit dicht am chemischen Gleichgewicht, ergo *tot* ist: „[A]ccording to my proposal it was therefore probably lifeless – not a popular conclusion to give my sponsors."[9] Nichtsdestotrotz wird die Mission fortgesetzt. *Viking 1* und *Viking 2* landen 1976 auf dem Mars, finden indes keine Spur von Leben.

Nach seinem Engagement bei der NASA wendet sich Lovelock wieder irdischen Dingen zu, genauer noch, dem irdischen „Ding an sich": der Erde. Auch hier verfolgt er den astronomisch abduzierten Gedanken weiter. Wenn eine Atmosphäre ohne chemische Reaktionen ein Indiz für das Fehlen von Leben ist, irdisches Leben aber von einer chemisch metastabilen Atmosphäre abhängt, was hält dann die Atmosphäre der Erde in dem Gleichgewicht, das Leben auf ihr seit unvordenklichen Zeiten erst ermöglicht? Es muss einen Regulationsmechanismus geben,

James E. Lovelock, „The Electron Capture Detector: Theory and Practice," *Journal of Chromatography A* 99 (1974).

7 James E. Lovelock, „A Physical Basis for Life Detection Experiments," *Nature* 207 (4997) (1965).

8 James E. Lovelock, *The Revenge of Gaia* (New York: Basic Books, 2006), 22.

9 Ebd.

so Lovelocks Vermutung, der das instabile Ungleichgewicht der atmosphärischen Reaktionen in ein stabiles Fließgleichgewicht transformiert, in dem die Anteile von CO_2 und O_2 in einem relativ konstanten Verhältnis bleiben. Dieser Vermutung wird schließlich der Name *Gaia-Hypothese* gegeben werden – allerdings sollte zwischen Hypothesenbildung und Namensgebung noch ein halbes Jahrzehnt vergehen.

1965 publiziert Lovelock in der Zeitschrift *Nature* seinen Kerngedanken und die damit verbundene Prognose einer wahrscheinlich vergeblichen Suche nach Leben auf dem Mars; 1967 folgen zwei weitere Fachartikel unter Ko-Autorschaft der Philosophin Dian Hitchcock, einer Kollegin Lovelocks, die von der NASA angestellt worden war, um die logische Schlüssigkeit der Mars-Experimente zu überprüfen.[10] Doch bleiben die Aufsätze weitestgehend unbeachtet. Erst nachdem Lovelocks Freund und Nachbar William Golding, Autor des Romans *Lord of the Flies* (1954) und angehender Träger des Literatur-Nobelpreises (1983), die Hypothese mit dem Namen der altgriechischen Erdgöttin tauft, ist die Grundlage für eine wirkungsvolle Kontroverse geschaffen: „It was the novelist William Golding (personal communication, 1970), who suggested using the powerful name Gaia for the hypothesis that supposed the Earth to be alive."[11]

Während die Reminiszenz an die primordiale Göttin in der Fachwelt großes Befremden auslöste und die Akzeptanz der Hypothese Lovelocks zunächst stark behinderte, war die mythologische Assoziation ihrer begeisterten Aufnahme und Verbreitung außerhalb der Wissenschaft umso dienlicher. Nachdem

10 Lovelock, „A Physical Basis for Life Detection Experiments," James E. Lovelock und Dian R. Hitchcock, „Life Detection by Atmospheric Analysis," *Icarus* 7 (1967); James E. Lovelock und Dian R. Hitchcock, „Detecting Planetary Life from Earth," *Science Journal* 4 (1967); vgl. Lovelock, *Das Gaia-Prinzip*, 26.

11 James E. Lovelock, „The Earth as a Living Organism," in *The Biosphere and Noosphere Reader*, hrsg. v. Paul R. Samson und David Pitt (London/New York: Routledge, 1999), 118; vgl. Lovelock, „Gaia as Seen through the Atmosphere," 579; vgl. Lovelock, *The Revenge of Gaia*, 22–23.

seine Kollegen die Hypothese fast ein Jahrzehnt (1969–1977) ignoriert hatten, bezichtigten sie Lovelock – und später auch die Mikrobiologin Lynn Margulis, die sich ab 1974 maßgeblich an der Weiterentwicklung der Gaia-Hypothese beteiligte[12] – teleologischer Spekulationen und damit der Unwissenschaftlichkeit. Lovelocks bisweilen zweideutiger Wortwahl zum Trotz hatten beide indessen nie die Existenz eines intentionalen Wesens behauptet, das sich planvoll um die Belange der Natur kümmere.

Eine solche Ansicht entsprach allerdings bestimmten Interpretationen der Gaia-Hypothese im Umfeld der New-Age-Bewegung, in denen das holistische Konzept eines planetarischen Lebenszusammenhangs enthusiastisch begrüßt wurde; vor allem da es einen so verheißungsvollen Namen trug und zu einem optimistischen Blick in die Zukunft einlud, den Lovelock mit seiner 1979 erschienenen Monografie *Gaia: A New Look at Life on Earth* einem breiten Publikum eröffnete.[13]

Gaias Gegenwart

Nicht zuletzt seitdem Bruno Latour 2013 in seinen Edinburgher *Gifford Lectures* Gaia wiederaufleben ließ und dieses nunmehr nobilitierte Konzept gar zum allgemeinen Modell der Welterklärung im 21. Jahrhundert erhob, gewinnt es auch auf anderen Gebieten neue Evidenz.[14] Die Übernahme von Gaia in

12 Margulis hatte zuvor in ihren Arbeiten zur Geophysiologie bzw. zur Endosymbiontentheorie die These aufgestellt, dass im Verlauf der Evolution einzellige Lebewesen andere Einzeller symbiotisch integriert und zu Bestandteilen ihrer eigenen Organisation gemacht haben, wodurch mehrzellige Lebewesen möglich wurden – dass also etwas Umgebendes zum Teil des Umgebenen geworden sei.

13 Vgl. James E. Lovelock, *Gaia* (Oxford: Oxford University Press, 1979).

14 Latours Gifford-Vorlesungen wurden zunächst 2013 in mehreren Versionen online veröffentlicht und dann 2015 auf Französisch sowie 2017 auf Englisch und auf Deutsch in stark überarbeiteter und erweiterter Fassung publiziert. Die Ausführungen in diesem Buch beziehen sich auf zwei unterschiedliche Manuskripte der Vorträge von 2013 sowie die autorisierte englische Veröffentlichung. Während in den Vorträgen vor allem die Polemik

das Vokabular Latours, aber auch in andere Neoökologien, ist mit dem Versuch einer Ökologisierung nicht nur des Denkens, sondern aller Relationen zwischen Akteuren verbunden. Mit Gaia findet Latour eine Sprache für seine Philosophie, in der menschliche und nicht-menschliche Akteure gleichrangig behandelt werden, Skalierungsprobleme zwischen Maßstabsebenen durch eine ökologische Verknüpftheit gelöst werden und dem dadurch konstituierten Ganzen eine eigene Handlungsmacht zugesprochen wird. Die Gaia-Hypothese gewinnt entsprechend dort an Einfluss, wo man versucht, grundlegende abendländische Dualismen der Gegenüberstellung von Subjekt und Objekt oder Kultur und Natur aufzuheben – Dualismen, zu denen man in der Ökologie eine Alternative vermutet. Gaia erscheint in solchen Debatten und insbesondere bei Latour als angemessene Beschreibungssprache für eine Welt, deren Zusammenhalt Relationen bilden. Die Gaia-Hypothese ist in diesem Kontext wesentlich an der Entwicklung eines neuen Verständnisses von Netzwerken beteiligt. Zugleich stellt sie von Anfang an eine Form wissenschaftlichen Denkens dar, das hochgradig metaphorisch und spekulativ verfährt und dieses Vorgehen, nicht nur angesichts ökologischer Katastrophen, sondern auch angesichts epistemischer Komplikationen als notwendig rechtfertigt. Wenn im Folgenden der Entstehungszusammenhang und das Wiederaufleben der Gaia-Hypothese dargestellt wird, soll es nicht darum gehen, eine naturwissenschaftliche Theoriebildung inhaltlich zu verifizieren oder anzufechten, sondern vielmehr

Latours stärker hervortritt, situiert die publizierte Version seine Bezugnahme auf die Gaia-Hypothese stärker im Kontext von Latours jüngsten Veröffentlichungen. Vgl. Bruno Latour, *Facing Gaia: Eight Lectures on the new Climatic Regime* (Cambridge: Polity Press, 2017); Bruno Latour, „Facing Gaia: Six Lectures on the Political Theology of Nature," Edinburgh, 18. bis 28. Februar 2013. Letzter Zugriff 9. Dezember 2017, http://www.bruno-latour.fr/sites/default/files/downloads/GIFFORD-ASSEMBLED.pdf. Zur deutschen Übersetzung vgl. Bruno Latour, *Kampf um Gaia: Acht Vorträge über das neue Klimaregime* (Berlin: Suhrkamp, 2017). Video-Mitschnitte der Vorlesungen finden sich auf https://www.giffordlectures.org/lectures/facing-gaia-new-enquiry-natural-religion. Letzter Zugriff 9. Dezember 2017.

ihre Evidenzverfahren, ihre Medientechnologien und ihren epistemologischen Einsatz in den Mittelpunkt zu stellen.

Der vorliegende Band nimmt seinen Ausgang von dieser gegenwärtigen Plausibilität und fragt in vier konsekutiven Kapiteln nach dem historischen Ort, der die Gaia-Theorie heute zu einem prominenten Modell der Welterklärung macht: hinsichtlich ihrer metaphorologischen Dimension (Alexander Friedrich), der Prävalenz holistischer Konzepte (Florian Sprenger), der Kosmopolitik Gaias (Petra Löffler) sowie ihrer Übersetzbarkeit in Computersimulationen und -spiele (Niklas Schrape). Welche Arten ökologischen Wissens werden dabei verhandelt? Was bedeutet die Rekurrenz einer symmetrischen Kosmologie, für die Gaia ein lang vergessenes Modell abgeben soll? Was ist der gegenwärtige Ort des Wiederauflebens Gaias? Wie verschränken sich die kybernetische und organizistische Ökologie des Konzepts mit der Annahme einer Programmierbarkeit von *environments*? Welche Übersetzungsleistung macht es heute möglich, das in den 1960er Jahren geprägte Konzept zu aktualisieren und noch einmal über den damals vertretenen Universalanspruch hinauszutreiben? Inwiefern lässt sich anhand der Computersimulationen, auf die Lovelock sich stützt, eine Kontinuität von kybernetischen Regulationsmodellen in Computerspielen und ökologischen Denkmodellen feststellen? Ausgehend von der metaphorologischen Darstellung der Geschichte des Gaia-Konzepts durch Alexander Friedrich fragen die Kapitel von Florian Sprenger und Petra Löffler nach Latours Aneignungsversuchen: bei Sprenger im Kontext der Aporien holistischen Denkens, bei Löffler in Zusammenhang mit der Frage, welche theoretischen Impulse Latours Aufnahme des Gaia-Konzepts geprägt haben und wie sich von dort aus eine relationale Epistemologie neu denken lässt. Abschließend stellt Niklas Schrape mit seiner Untersuchung der Simulationen und Computerspiele, die sowohl von Lovelock eingesetzt wurden als auch von seiner Theoriebildung ausgehen, nach dem Ort des Gaia-Konzepts in den digitalen Kulturen der Gegenwart.

Mit diesen Fragen zielen die Beiträge auf das Nachleben des Zusammenhangs kybernetisch orientierter Mikrobiologie, Ökologie und Exobiologie und nehmen damit die Verschränkung der Gegenwart mit der Vergangenheit in den Blick. Das Wiederaufleben Gaias wird so als Symptom lesbar: Symptom nicht nur der Suche nach einer den Herausforderungen des „Anthropozäns" angemessenen Beschreibungssprache, sondern auch einer Traditionslinie holistischer Metaphysik, die das Verhältnis des Teils zum Ganzen zu erfassen und zugleich mittels Computersimulationen beherrschbar zu machen versucht. Lesbar wird das Wiederaufleben der Gaia-Hypothese mithin als Symptom einer Irritation über den Ort des Menschen angesichts weitreichender Ansprüche einer kybernetischen Regierbarkeit des Planeten. Nimmt man diese unterschiedlichen Perspektiven zusammen, werden am Gaia-Konzept damals wie heute einige der zentralen Bruchlinien der Gegenwart sichtbar.

Bibliografie

Bondi, Damiano. „Gaia and the Anthropocene; or, The Return of Teleology." *Telos* 172, Nr. 3 (2015): 125–137.

Carson, Rachel. *Silent Spring*. Boston: Houghton Mifflin, 1962.

DeVore, Paul W. „Cultural Paradigms and Technological Literacy." *Bulletin of Science Technology Society* 7, Nr. 3–4 (1987), 711–719.

Hughes Donald J. und Richard Frank. „GAIA: Environmental Problems in Chthonic Perspective." *Environmental Review* 6, Nr. 2 (1982) (Special Issue: Papers from the First International Conference on Environmental History, Autumn 1982): 92–106.

Latour, Bruno. „Gifford-Lectures: Facing Gaia – Six Lectures on the Political Theology of Nature," Edinburgh, 18. bis 28. Februar 2013. Letzter Zugriff 9. Dezember 2017, http://www.bruno-latour.fr/sites/default/files/downloads/GIFFORD-ASSEMBLED.pdf.

Latour, Bruno. *Facing Gaia: Eight Lectures on the new Climatic Regime*. Cambridge: Polity Press, 2017.

Latour, Bruno. *Kampf um Gaia: Acht Vorträge über das neue Klimaregime*. Berlin: Suhrkamp, 2017

Levine, Laurence. „GAIA: Goddess and Idea." *Biosystems* 31, Nr. 2–3 (1993): 85–92.

Lovelock, James E. „A Sensitive Detector for Gas Chromatography." *Journal of Chromatography A* 1 (1958) 35–46.

Lovelock, James E. „A Physical Basis for Life Detection Experiments." *Nature* 207, Nr. 4997 (1965), 568–570.

Lovelock, James E. „Gaia as Seen through the Atmosphere: Letter to the Editors." *Atmospheric Environment* 6, Nr. 8 (1972): 579.

Lovelock, James E. „The Electron Capture Detector: Theory and Practice." *Journal of Chromatography A* 99 (1974): 3–12.

Lovelock, James E. *Gaia*. Oxford: Oxford University Press, 1979.

Lovelock, James E. *Das Gaia-Prinzip*. Zürich/München: Artemis & Winkler, 1991.

Lovelock, James E. „Gaia as seen through the Atmosphere. The Earth as a Living Organism." In *The Biosphere and Noosphere Reader*, hrsg. v. Paul R. Samson und David Pitt, 115-120. London/New York: Routledge, 1999.

Lovelock, James E. *The Revenge of Gaia*. New York: Basic Books, 2006.

Lovelock, James E. und Dian R. Hitchcock. „Life Detection by Atmospheric Analysis." *Icarus* 7 (1967): 149–150.

Lovelock, James E. und Dian R. Hitchcock. „Detecting Planetary Life from Earth." *Science Journal* 4 (1967): 2–4.

Lovelock, James E. und Lynn Margulis. „Atmospheric Homeostasis by and for the Biosphere: The Gaia Hypothesis." *Tellus: Series A* 26, Nr. 1–2 (1974): 2–10.

Lovelock, James E. und Lynn Margulis. „Biological Modulation of the Earth's Atmosphere." *Icarus* 21 (1974): 471–489.

Maturana, Humberto R. und Francisco J. Varela. *The Tree of Knowledge: The Biological Roots of Human Understanding*. Boston: Shambhala, 1992.

NASA. „Viking." Letzte Überarbeitung 30. August 2016. Letzter Zugriff 04. Dezember 2017. http://www.nasa.gov/viking.

Palmer, Clare. „A Bibliographical Essay On Environmental Ethics." *Studies in Christian Ethics* 7, Nr. 1 (1994): 68–97.

Primavesi, Anne. *Gaia's Gift*. London/New York: Routledge, 2003.

Radford Ruether, Rosemary. *Gaia & Gott*. Luzern: Edition Exodus, 1994.

Rose, Ellen Cronan. „The Good Mother: From Gaia to Gilead." *Frontiers: A Journal of Women Studies* 12, Nr. 1 (1991): 77–97.

Steffen, Will, Jacques Grinevald, Paul Crutzen und John McNeill. „The Anthropocene: Conceptual and Historical Perspectives." *Philosophical Transactions of the Royal Society A: Mathematical, Physical and Engineering Sciences* 369, Nr. 1938 (2011): 842–867. Letzter Zugriff 14. Januar 2017. doi:10.1098/rsta.2010.0327.

Tickell, Crispin. „Gaia: Goddess or Thermostat." *Biosystems* 31, Nr. 2–3 (1993): 93–98.

Ward, Peter D. *The Medea Hypothesis: Is Life on Earth Ultimately Self-destructive?* Princeton: Princeton University Press, 2009.

GAIA-THEORIE

WISSENSCHAFTSGESCHICHTE

METAPHOROLOGIE

KYBERNETIK

ÖKOLOGIE

NETZWERKTHEORIE

[1]

Gaias Netze: Zur Metaphorologie der planetarischen Selbstregulation des Lebens

Alexander Friedrich

Das Kapitel untersucht die Entstehungs- und Rezeptionsgeschichte der Gaia-Theorie aus metaphorologischer Perspektive. In der Rekonstruktion der frühen Popularisierung und Kontroverse um Lovelocks und Margulis' Gaia-Hypothese soll gezeigt werden: dass (1) Metaphorik in der Rede über Gaia unvermeidlich ist; dass (2) die frühen organischen, technischen, kybernetischen und politischen Metaphorisierungen Gaias zu logischen Aporien, theoretischen Inkommensurabilitäten und Missverständnissen geführt haben; bevor schließlich (3) die Metaphorik der Netze einen Registerwechsel erlaubte, der nicht nur zur späteren Akzeptanz der Gaia-Theorie in den

Naturwissenschaften wie in ihrer jüngsten Rezeption seitens Bruno Latours beigetragen hat, sondern auch zu einer erweiterten Auffassung davon, was Netzwerke eigentlich sind.

In Gaia we are – all – Tangled Up In Blue.[1]
– Stewart Brand

Gaia is the most complex network we have ever met.[2]
– Peter Csermely

Ein – wenn nicht das – grundlegende Problem der Diskussion um Gaia ist, sich darauf zu verständigen, was ihr Gegenstand eigentlich sei: ein geophysikalisches System, ein Superorganismus, die unsichtbare Hand von Mutter Natur, die Biosphäre als biokybernetisches Netzwerk, die selbstorganisierte Totalität der politischen Ökologie aller irdischen Akteure? Dass in dieser Frage bisher weder Klarheit noch Einigkeit erzielt wurde, hat nicht allein mit den historischen Folgen der mythologischen Namensgebung zu tun, die die Rezeption der Theorie auf eine paradoxe Weise zugleich erschwert und befördert hat. Den zahlreichen Fragen, Missverständnissen und Kontroversen über den Status der Entität *Gaia* liegt auch eine systematische Schwierigkeit zugrunde, die seit ihrer ersten Formulierung durch James Lovelock (1972) in der aufschlussreichen Zumutung besteht, die Erde so zu betrachten, *als ob* sie ein Lebewesen sei.

Eine Zumutung ist diese Denkanweisung zum einen, weil sie verlangt, das, was vordem als Umwelt aller Lebewesen gedacht

1 Stewart Brand, editorisches Vorwort zu „The Atmosphere as Circulatory System: The Gaia Hypothesis" von Lynn Margulis und James Lovelock, *The CoEvolution Quarterly*, Nr. 6 (Summer 1975): 31.

2 Peter Csermely, *Weak Links* (Berlin/Heidelberg: Springer, 2009), 270.

wurde, selbst als ein Lebewesen zu begreifen, das gleichwohl ein Produkt der irdischen Evolution sein soll, und zwar in doppelter Hinsicht: *zum einen* das diachrone Resultat der Naturgeschichte und ihrer kosmischen Voraussetzungen, d. h. das unwahrscheinliche und bislang nur als Einzelfall bekannte Vorkommnis der Entstehung von Leben auf einem Planeten, und *zum anderen* das synchrone Resultat der Interaktion aller auf der Erde existierenden Lebewesen und ihrer geophysikalischen Voraussetzungen, d. h. die Biosphäre als das kollektive Werk irdischer Lebensformen. Schließlich impliziert die Denkanweisung, dass sich der belebte Planet selbst wie ein Organismus verhält. Die bewohnbare Erde zugleich als *notwendige Voraussetzung*, *zufälliges Resultat* und *funktionale Ganzheit des Lebens* und damit als einen Gegenstand der Evolution zu denken, der eine Revision grundlegender evolutionstheoretischer Prämissen erfordert, ist eine Zumutung auch darum, weil die Denkanweisung des *Als-ob* verlangt, ihren Gegenstand notwendig metaphorisch vorzustellen: Wir sollen uns Gaia wie ein Lebewesen denken, ohne sie tatsächlich für eines zu halten.

An dieser Zumutung hat sich von Anfang an die Kontroverse um die Gaia-Theorie entzündet, die zudem von ihrer irritierenden Namensgebung und den Umständen ihrer Popularisierung angefacht wurde. Als der Name für einen epochalen interdisziplinären Paradigmenwechsel in der Erforschung irdischen Lebens, der mit mythologischen Bezügen ausgestattet und in den fachlichen Diskurs erst über den Umweg populärwissenschaftlicher Medien und öffentlichkeitswirksamer Strategien gelangt ist, hat Gaia in der Kontroverse um die Frage, *was* bzw. *ob* sie sei, eine ganze Reihe rhetorischer Manöver veranlasst. Zu diesen gehört auch wesentlich der Einsatz verschiedener Metaphern, die der Sache selbst nicht äußerlich sind, sondern zur theoretischen Formation und Verhandlung des umstrittenen Gegenstands beigetragen haben. In einer metaphorologischen Betrachtung der Kontroverse um Gaia wird es in diesem Kapitel vor allem um drei Thesen gehen: erstens, dass Metaphorik in der Rede über Gaia unvermeidlich ist; zweitens, dass die frühen metaphorischen Modellierungen Gaias zu theoretischen Aporien, Inkommensurabilitäten und Missverständnissen geführt haben, bevor schließlich, drittens, die Metaphorik der Netzwerke einen Registerwechsel erlaubte, der zur späteren Akzeptanz der Gaia-Theorie, sowohl in den Naturwissenschaften als auch in ihrer jüngsten Rezeption seitens Bruno Latours, beigetragen hat.

Als ein theoretischer Ausgangspunkt für eine metaphorologische Lektüre des Gaia-Diskurses bietet sich insbesondere Hans Blumenbergs These an, dass es einen bestimmten Typus von Gegenständen gebe, die begrifflich allein nicht zu bewältigen sind, sondern deren Vorstellung und Reflexion stets Metaphern in Anspruch nehmen muss. Zu derartigen Gegenständen gehören Ganzheiten, von denen es keine unmittelbare Anschauung geben könne, sofern man selbst Teil dieses Ganzen sei, wie etwa ‚Gesellschaft', ‚Leben' oder ‚Welt'. Weil deren Reflexion eine Anschauung verlange, die jedoch mit den Mitteln der Wahrnehmung und des Begriffs nicht zu erlangen sei, müssen dafür Metaphern einspringen, so Blumenberg. Insbesondere dann, wenn das „nie erfahrbare, nie übersehbare Ganze der Realität"[3] zur Sprache gebracht werden soll, sei der Rückgriff auf ‚absolute' Metaphern unvermeidlich. ‚Absolut' heißt hier nicht ‚ahistorisch' oder ‚unveränderlich', sondern lediglich, dass Metaphern solchen Typs durch Begriffe nie auf-, sondern immer nur durch andere Metaphern abgelöst werden können. Absolute Metaphern haben dabei nicht nur die *epistemische* Funktion, die sonst unerfassbare Wirklichkeit vorstellbar zu machen, wie Blumenberg erklärt: „Ihre Wahrheit ist, in einem sehr weiten Verstande, *pragmatisch*. Ihr Gehalt bestimmt als Anhalt von Orientierungen ein Verhalten, sie geben einer Welt Struktur."[4] Was aber „die Welt eigentlich sei – diese am wenigsten entscheidbare Frage ist doch zugleich die nie unentscheidbare und daher immer entschiedene Frage.

3 Hans Blumenberg, *Paradigmen zu einer Metaphorologie* (Frankfurt am Main: Suhrkamp, 1998), 25.

4 Ebd.

Daß sie ‚Kosmos' sei, war eine der konstitutiven Entscheidungen unserer geistigen Geschichte, eine in ihrem Ursinn trotz früher Nominalisierung immer wieder mitgehörte Metapher, fortgesponnen in der Welt-Polis und im Welt-Lebewesen, im Welt-Theater und im Welt-Uhrwerk."[5] – Fortgesponnen nun also auch in ‚Gaia' als dem Namen für das unübersehbare Ganze der belebten Welt?

Im Versuch, ‚Gaia' zur Sprache zu bringen und den natürlichen Gesamtzusammenhang des irdischen Lebens zu charakterisieren, hat Lovelock eine Reihe verschiedener Metaphern mobilisiert, modifiziert, kritisiert und verworfen. Einige zentrale Metaphern vor allem der frühen Gaia-Kontroverse sollen im Folgenden genauer betrachtet werden. Sie oszillieren zwischen organizistischen, kybernetischen und personifizierenden Redeweisen: Gaia als Organismus, als kybernetische Maschine, als Raumschiff Erde, als unsichtbare Hand der Natur. In seiner jüngsten Rezeption hat Bruno Latour den beständigen Einsatz und Wechsel von Metaphern in der Theoriesprache Lovelocks ausdrücklich als deren besondere Stärke, ja geradezu als eine wissenschaftliche Tugend gewürdigt.[6] Lovelock selbst hat die Bedeutung des Metaphorischen für die Explikation seines Gegenstands von Anfang an bemerkt und wiederholt als unverzichtbar gerechtfertigt: „Metaphor is important because to deal with, understand, and even ameliorate the fix we are now in over global change requires us to know the true nature of the Earth and imagine it as the *largest living thing in the solar system*, not something inanimate like that disreputable contraption ‚spaceship Earth.'"[7] Zudem sei es „foolish to think that we can explain science as it evolves, rationally and consciously. We have to use

5 Ebd., 26–27.

6 Bruno Latour, „Why Gaia Is Not a God of Totality," *Theory, Culture & Society* (2016), Preprint-Veröffentlichung 22. Juni 2016, letzter Zugriff 27. Januar 2017, doi:10.1177/0263276416652700.

7 James Lovelock, *The Revenge of Gaia: Earth's Climate Crisis and the Fate of Humanity* (New York: Basic Books, 2006), 21. Hervorhebung von mir.

the crude tool of metaphors to translate conscious ideas into unconscious understanding."[8]

Lovelocks Rechtfertigung der Indienstnahme von Metaphern zur Artikulation Gaias und unseres Verhältnisses zu ihr umfasst damit beide Aspekte, die nach Blumenberg für absolute Metaphern wesentlich sind: Der *epistemologische* Aspekt betrifft die theoretische Frage, wie der planetarische Gesamtzusammenhang des Lebens überhaupt Gegenstand einer wissenschaftlichen Bezugnahme sein kann; während es in *pragmatischer* Hinsicht darum geht, welche ethischen oder politischen Folgerungen aus den zu erlangenden Erkenntnissen über das imaginierte *largest living thing in the solar system* zu ziehen wären. Wenn es also möglich wäre, ein wie auch immer geartetes Wissen über „das nie erfahrbare, nie übersehbare Ganze" des planetarischen Lebens zu gewinnen, welche Handlungs- oder Unterlassungsanweisungen in Bezug auf unser Verhältnis zu diesem Ganzen sollten wir daraus ableiten? Lovelock hat, vor allem in seinen späteren Schriften, keinen Zweifel daran gelassen, dass seine Metaphorik stets beide Aspekte im Blick hat: „[M]etaphors are more than ever needed for a widespread comprehension of the true nature of the Earth and an understanding of the lethal dangers that lie ahead."[9] In der Warnung vor den tödlichen Gefahren bekundet sich die Befürchtung eines dramatischen Klimawandels, der die menschliche Fortexistenz bedroht. Anders noch als in seiner optimistischen Oxford-Monografie *Gaia: A New Look at Life on Earth* (1979) geht Lovelock in seiner 2006 veröffentlichten Publikation *The Revenge of Gaia* nicht mehr davon aus, dass die Selbstregulationskräfte des planetarischen Gleichgewichts der anthropogenen Belastung länger standhalten. Eile ist geboten und Lovelocks Warnung ein Ruf zur Tat – nicht, um Gaia zu retten, sondern die Menschheit.

8 Ebd., 178.

9 Ebd., 147.

„Evidenzmangel und Handlungszwang sind die Voraussetzungen der rhetorischen Situation,"[10] hatte Blumenberg in seiner *Anthropologischen Annäherung an die Aktualität der Rhetorik* (1971) bemerkt. Die Kontroverse um die Gaia-Theorie erfüllt diese Voraussetzungen, spätestens seit sie unter den Vorzeichen des Anthropozäns diskutiert wird. Bezeichnend dafür ist sicherlich Latours Rede „Waiting for Gaia." Dort bemerkt – und bekennt – der Akteur-Netzwerk-Theoretiker:

> The great thing about Lovelock's Gaia is that it reacts, feels and might get rid of us, without being ontologically unified. [...] She is no more unified an agency than is the human race that is supposed to occupy the other side of the bridge. The symmetry is perfect since we don't know more what *She* is made of than we know what *we* are made of. [...] [I]t might be important, even urgent, [...] to close the gap between the size and scale of the problems we have to face and the set of emotional and cognitive states that we associate with the tasks of answering the call to responsibility.[11]

Der konzedierte Evidenzmangel bezüglich der Beschaffenheit Gaias stiftet in Verbindung mit dem Appell zum Handeln (*call to responsibility*) eben jene Voraussetzungen der rhetorischen Situation, die den Einsatz von Metaphern verlangt – und um den Latour ohnehin noch nie verlegen war. Doch schon bevor Gaia als ein Konzept bzw. als Akteurin der politischen Ökologie mobilisiert wird (siehe dazu genauer das Kapitel von Petra Löffler), entzündete sich die Kontroverse über den Gegenstand der Gaia-Theorie an den politischen Implikationen seiner metaphorischen Modellierungen, die von Vertretern und Gegnern jeweils zur

10 Hans Blumenberg, „Anthropologische Annäherung an die Aktualität der Rhetorik," in *Wirklichkeiten, in denen wir leben*, hrsg. v. Hans Blumenberg (Stuttgart: Reclam, 1999), 117.

11 Bruno Latour, „Waiting for Gaia. Composing the Common World through Art and Politics," Vortrag am French Institute, London, 21. November 2011, 10, letzter Zugriff 15. August 2017, http://www.bruno-latour.fr/sites/default/files/124-GAIA-LONDON-SPEAP_0.pdf.

Verteidigung oder Kritik der Theorie ins Spiel gebracht wurden. Letztlich lassen sich alle diese Metaphern als Antworten auf die Frage verstehen, *ob bzw. wie die Organisation globaler Lebensbedingungen ohne eine zentrale Steuerinstanz denkbar und möglich sei*. Während Lovelock auf eine kybernetische Modellierung der Selbstorganisation Gaias insistiert und diese Modellierung schließlich durch eine Computersimulation plausibilisiert hat, steht diese Modellierung in Spannung zu deren Namensgebung, impliziert diese doch eine regulierende Macht – die sich auch in der Simulation noch in der Gestalt des Programmierers bzw. des Spielers wiederfindet (siehe dazu genauer das Kapitel von Niklas Schrape). Die Spannung zwischen mythologisierendem Namen und kybernetischer Modellierung spielt für die metaphorische Problemkonstellation der frühen Gaia-Kontroverse eine ebenso bedeutsame Rolle wie die Umstände ihrer Popularisierung. Für die metaphorologische Betrachtung ist es daher aufschlussreich, sich die Umstände der frühen Publikation und Rezeption der Gaia-Hypothese zu vergegenwärtigen.

Zur Rezeption und Popularisierung der Gaia Theorie

Wie Lovelocks spätere Kollegin und Koautorin Lynn Margulis berichtet, verbindet sich die Erfolgsgeschichte der Gaia-Theorie auf das Engste mit dem Herausgeber des *Whole Earth Catalog* Stewart Brand. Brand hatte seinerzeit ihre vielleicht entscheidende Popularisierung veranlasst. Lovelock hatte fast ein Jahrzehnt lang (1969–1977) verschiedene wissenschaftliche Artikel zur Gaia-Hypothese publiziert, die damals aber noch nicht diesen Namen trug und beim Fachpublikum nahezu unbeachtet blieb.[12]

12 James Lovelock, „A Physical Basis for Life Detection Experiments," *Nature* 207, Nr. 4997 (1965): 568–570. James Lovelock und Dian R. Hitchcock, „Life Detection by Atmospheric Analysis," *Icarus* 7 (1967): 149–159. James Lovelock und Dian R. Hitchcock, „Detecting Planetary Life from Earth," *Science Journal* 3 (1967): 2–4.

So berichtet Margulis in der 1998 erschienenen Jubiläumsausgabe des *Whole Earth Catalog*, wie Lovelock sich darüber beklagt habe, dass ihn offenbar niemand verstehe.[13] In seinem Frust über die ausbleibende wissenschaftliche Resonanz sei Lovelock zu seinem Nachbarn und Freund William Golding gegangen, um von dem Schriftsteller „a good four-letter word" zu erbitten, das seine Kollegen dazu bringen sollte, eine systemische Perspektive auf die Biosphäre einzunehmen.[14] Woraufhin der Romancier ihm den altgriechischen Namen Mutter Erdes vorgeschlagen habe.

Das erste gemeinsame „Gaia Paper on Life as the Circulatory System of the Atmosphere" ließen Lovelock und Margulis als „a short, readable statement, in the style of the *American Scientist*"[15] zunächst unter Kollegen und Freunden zirkulieren. Der *American Scientist* selbst, bei dem man den Artikel eingereicht hatte, lehnte die Publikation jedoch ab. Just zu diesem Zeitpunkt habe Brand Kontakt aufgenommen. Der Artikel war über die Zirkulation im Bekanntenkreis zu ihm gelangt, offenbar durch den Astronomen Carl Sagan, den früheren Ehemann von Lynn Margulis.[16] Brand habe Margulis daraufhin eine Publikation des Texts in *The CoEvolution Quarterly* (CQ) vorgeschlagen [Abb. 1]. Das Magazin für wissenschaftliche Grenzfragen und Literatur war ein Abkömmling des *Whole Earth Catalog*, aus dem 1985 *The Whole Earth Review* hervorging. In CQ erschienen im Laufe der Zeit Artikel vieler namhafter Autoren, unter anderem von Lewis Mumford, Ivan Illich und Gregory Bateson. Zu diesem Zeitpunkt waren erst fünf Hefte erschienen, doch Brand gelang es, die beiden zu überzeugen: „I want to publish your paper with Lovelock" – ohne Korrekturen und Änderungen, mit allen Abbildungen und Tafeln: „He said he liked it as it was."[17] Erfreut von dem Angebot

13 Vgl. Lynn Margulis, „Gaia," *Whole Earth Catalog*, 30th Anniversary Celebration (Winter 1998): 4.

14 Ebd.

15 Ebd.

16 Vgl. Brand, editorisches Vorwort, 31.

17 Margulis, „Gaia," 4.

habe Margulis dennoch eingewandt: „But no scientist reads CQ" – kein Kollege würde ihre Idee ernst nehmen, wenn sie in dem populärwissenschaftlichen Magazin abgedruckt werde, bevor sie in einer Fachzeitschrift veröffentlich worden sei; Brands Antwort aber habe gelautet: „What do you care what people think? You want to see the Gaia idea out, don't you?"[18] – Im Sommer 1975 erschien der Artikel als Aufmacher des *CoEvolution Quarterly*.

Abbildung 1: *The CoEvolution Quarterly* (Summer 1975)

In einem 2007 zusammen mit ihrem Sohn Dorion Sagan herausgegebenem Sammelband findet sich ein Neuabdruck des Texts, den Margulis mit dem Ausspruch Stewart Brands bevorwortet; dort allerdings in einer abweichenden Version: Während sich Margulis 1998 daran erinnert, dass Brand sie mit der *Popularisierung* überzeugt habe, ist es 2007 der Status der *Wissenschaftlichkeit* der Idee – deren unkonventionelle Veröffentlichung nun mit einem Rekurs auf Publikationsstrategien revolutionärer wissenschaftlicher Theorien gerechtfertigt wird:

18 Ebd.

> Originally, professional science was published in Latin. But there were some important exceptions. Scientists sometimes go right to the people. Galileo's defense of Copernicus's Sun-centered solar system, *Dialogue Concerning the Two Chief World Systems* [...] , was published in popular form, in Italian. Darwin's *Origin of Species,* published of course in English, was not just a technical but a popular book. Published first by Stewart Brand, founder of the *Whole Earth Catalog,* the following original, accessible essay is arguably the classic explanation of the Gaia hypothesis. It was first published not in a technical journal but in a popular magazine, *CoEvolution Quarterly.* ‚What do you care what other people think,' Brand asked, ‚if this Gaia stuff is really science?'[19]

Mit der Variation des Brand-Zitats reiht sich die Gaia-Theorie in eine Tradition wissenschaftlicher Revolutionen ein, die nach Freud – dessen Entdeckung des Unbewussten in dieser Reihe fehlt – zu den „drei großen Kränkungen der Menschheit" gehören.[20] Dieser Darstellung zufolge entspricht die Gaia-Hypothese einem neuen wissenschaftlichen Paradigma, das mit den alten, vorherrschenden Paradigmen nicht kompatibel ist und deshalb auf epistemische Widerstände stößt. Derartige Widerstände mobilisierten sich zunächst auf dem Feld der Evolutionstheorie, wo die Kontroverse über Gaia zuerst einsetzte. Neben der irritierenden Namensgebung waren es denn auch die evolutionstheoretischen Implikationen, an der sich die – endlich in Gang gesetzte – Kontroverse über die Gaia-Hypothese entzündete, bevor das neue Paradigma unter anderen Namen in anderen Disziplinen anerkannt wurde und Verbreitung fand, wie Margulis in der Jubiläumsausgabe des *Whole Earth Catalog* resümiert:

19 James Lovelock und Lynn Margulis, „The Atmosphere as Circulatory System: The Gaia Hypothesis," in *Dazzle Gradually*, hrsg. v. Lynn Margulis und Dorion Sagan (White River Junction, VT: Chelsea Green Pub, 2007), 157.

20 Sigmund Freud, „Vorlesungen zur Einführung in die Psychoanalyse," in *Studienausgabe*, Bd. 1 (Frankfurt am Main: Fischer, 2000), 283–284.

> The ideas, boosted mightily by Jim Lovelock's 1979 Oxford University Press book *Gaia: A New Look at Life on Earth*, were discussed in some scientific quarters. Within the evolutionist establishment, led primarily by Oxford University's Richard Dawkins, they denigrated, derided, and ignored Gaia as if she were an old witch. In the end, the scientific community of scholars co-opted our scientific ideas (to our delight). Still railing against the G-word (Gaia), they infiltrated their research with G-concepts. Atmospheric chemists, environmental scientists, planetary astronomers, geophysicists, geomorphologists, geographers, ecologists, and the public called this new view of our living planet ‚Earth System Science.'[21]

Wie aber ist es – nach der anfänglichen Kontroverse – dann doch zu dieser Akzeptanz der Gaia-Theorie gekommen? Ein wesentlicher Grund dafür ist – so die These dieses Kapitels – die Rolle, die die Metaphorik der Vernetzung in der Modellierung der Entität Gaias gewonnen hat. Neben der Vermeidung theoretischer Aporien und Missverständnisse, die sich mit den früheren Metaphern für Gaia verbinden, darf es als ein besonderer Vorzug der Netzmetaphorik gelten, dass letztere nicht nur für die verschiedenen Rezeptionskreise und Lesarten Gaias anschlussfähig war, sondern auch, dass sie auf die Frage, *was Gaia eigentlich sei* bzw. *wie die Organisation globaler Lebensbedingungen ohne eine zentrale Steuerinstanz denkbar ist*, eine akzeptablere Antwort zu bieten scheint als die anfänglich investierten organizistischen und mechanistischen Metaphoriken.

Die Gaia-Kontroverse

Die Kontroverse um Gaia entzündete sich an ihrer Charakterisierung als Organismus, genauer gesagt daran, dass Vertreter der Evolutionsbiologie die metaphorische Modellierung

21 Margulis, „Gaia," 4.

als Identitätsaussage auffassten. Im Herbst 1981, sechs Jahre nach der Publikation des CQ-Artikels, erschien in *The CoEvolution Quarterly* eine Rezension der 1979 veröffentlichten *Gaia-Monografie Lovelocks*. Die Rezension des Biochemikers und Evolutionsbiologen W. Ford Doolittle ist eine erste systematische Kritik der Gaia-Theorie evolutionsbiologischer Provenienz, die zugleich die neo-darwinistische Front gegen die Gaia-Hypothese eröffnete, an der 1982 auch Richard Dawkins mit seiner Monografie *The Extended Phenotype* (1982) Stellung bezog.[22] Das neo-darwinistische Hauptargument gegen die Existenz eines globalen Superorganismus lässt sich folgendermaßen zusammenfassen: Wenn Gaia ein Organismus ist und wenn Organismen der Evolution unterliegen, dann widerspricht die Existenz Gaias der Evolutionstheorie, weil die Biosphäre den natürlichen Prinzipien der Reproduktion, Konkurrenz und Selektion weder unterliegen, noch aus ihnen hervorgehen kann. Das Argument ist später auch „the problem of the population of one" genannt worden.[23] Die Argumentation der Gaia-Gegner beruht dabei auf den Prämissen einer spieltheoretisch fundierten Ökonomie, der zufolge die Arten (*species*) die Atmosphäre als ein gemeinsames Gut (*common good*) bewirtschaften, während ihr evolutionärer Eigennutz (*evolutionary self-interest*) sie naturgemäß dazu veranlasse, sich nicht gemeinnützig, sondern egoistisch zu verhalten. Wenn sie aber so agieren, bleiben zwei Dinge ungeklärt: Erstens, wie aus egoistischem Verhalten ein altruistisches Resultat hervorgehen kann, und zweitens, wie dieses Resultat eine lebendige Entität sein kann, die selbst keiner Population ähnlicher Entitäten angehört – Gaia hat ja offensichtlich keine Artgenossen.

22 Vgl. W. Ford Doolittle, „Is Nature Really Motherly?," *The CoEvolution Quarterly*, Nr. 29 (Spring 1981): 58–63; Richard Dawkins, *The Extended Phenotype* (Oxford: Oxford University Press, 2008), dt. Richard Dawkins, *Der erweiterte Phänotyp* (Heidelberg: Spektrum Akademischer Verlag, 2010).

23 Vgl. Connie Barlow und Tyler Volk, „Gaia and Evolutionary Biology," *BioScience* 42, Nr. 9 (1992): 686–693; Lee Worden, „Notes from the Greenhouse World: A Study in Coevolution, Planetary Sustainability, and Community Structure," *Ecological Economics* 69, Nr. 4 (2010): 762–763.

Die Lösung des ersten Teilproblems verlangt eine Erklärung, wie aus der Summe individueller Egoismen so etwas wie ein Gemeinwohl hervorgehen kann – ohne dass dabei ein altruistisches Interesse am Werke ist, das sich direkt auf das Gemeinwohl richtet. Die Annahme eines solchen Interesses zieht im Kontext einer neo-darwinistischen Evolutionstheorie nicht nur den Vorwurf der Unplausibilität, sondern auch den Verdacht teleologischer Spekulation nach sich. Denn sie würde besagen, dass es in der Natur so etwas wie Zwecke oder ein zielgerichtetes Bewusstsein gibt, das entweder den Arten als Kollektiv oder dem System Gaia selbst zugerechnet werden müsste. Der Name einer Erdgottheit leistet einem solchen Verdacht dann fast unvermeidlich Vorschub.

Ohne die Annahme eines zielgerichteten Bewusstseins aber, nur auf der Grundlage der neo-darwinistischen Prämissen, ist die Entstehung eines gemeinsamen Guts aus dem egoistischen Verhalten biologischer Individuen nicht zu erklären, so das Argument der Gaia-Gegner im Gefolge Doolittles und Dawkins'. Denn aus neo-darwinistischer Perspektive werden die destruktiven Folgen des evolutionären Eigennutzes allein durch den Mechanismus der natürlichen Auslese (*natural selection*) begrenzt – es gilt *the survival of the fittest:* nur die besser Angepassten überleben – wobei durchaus umstritten ist, *wer oder was* da genau selektiert wird (*unit of selection*): Gene, Nachkommen, Familien, Stämme, Arten oder Gattungen.

In *The Extended Phenotype* (1982), dem Nachfolger des Bestsellers *The Selfish Gene* von 1976, attackiert Dawkins die Gaia-Hypothese im Zusammenhang mit einer Kritik ihres Gebrauchs von Netzmetaphern. So wirft der Evolutionsbiologe, für den die Einheit der natürlichen Selektion das Gen ist, dem Biophysiker vor, auf metaphorischem Wege eine moralisierend-harmonische Vorstellung von der Natur zu vermitteln, wie sie sich beispielhaft in BBC- Reportagen verkörpere; weshalb er die mit der ökologischen Netzmetaphorik verbundene Botschaft in polemischer Absicht auch das *BBC-Theorem* nennt:

> The British Broadcast Corporation is rightly praised for the excellence of its nature photography, and it usually strings the admirable visual images together with a serious commentary. [...] [F]or years the dominant message of these commentaries was one that had been elevated almost to the status of a religion by pop ‚ecology'. There was *something called the ‚balance of nature', an exquisitely fashioned machine* in which plants, herbivores, carnivores, parasites and scavengers each played their appointed role for the good of all. [...] *The BBC Theorem is often expressed in terms of the poetry of webs and networks. The world is a fine-meshed network of interrelationships, a web of connections* which it has taken thousands of years to build up, and woe betide mankind if we tear it down [...] etc. There is, no doubt, much merit in the moralistic exhortations that seem to flow from the BBC Theorem, but [...] [i]ts weakness is the one I have already exposed in the Gaia hypothesis. *A network of relationships there may be, but it is made up of small, self-interested components.* Entities that pay the costs of furthering the well-being of the ecosystem as a whole will tend to reproduce themselves less successfully than rivals that exploit the public-spirited colleagues, and contribute nothing to the general welfare. Hardin (1968) summed the problem up in his memorable phrase ‚The tragedy of commons', and more recently (Hardin 1978) in the aphorism, ‚Nice guys finish last.'[24]

Wie aus dieser Passage deutlich wird, argumentiert Dawkins mit einer Inkommensurabilität verschiedener Bedeutungen der Metapher des Netzwerks in Bezug auf den Naturzusammenhang: Während die Gaia-Hypothese sich einer *poetry of webs and networks* bediene, die sie mit dem *BBC Theorem* teile, um die Natur als ein perfekt eingerichtetes System (*exquisitely fashioned machine*) darzustellen, kritisiert Dawkins diese Vorstellung

24 Dawkins, *The Extended Phenotype*, 236–237. Hervorhebungen von mir.

als irreführend und plädiert stattdessen für einen Gebrauch der Metapher, der sich nicht an der Idee eines ökologischen Gleichgewichts, sondern an der Logik ökonomischer Agonie orientiert. Zu diesem Zweck bringt er schließlich *The Tragedy of the Commons* ins Spiel. In dem gleichnamigen Artikel, der 1968 in der Zeitschrift *Science* veröffentlich wurde, hatte der Ökologe Garrett Hardin eine spieltheoretische Begründung dafür formuliert, warum die freie Verfügbarkeit von Gemeingütern (*commons*) auf Dauer notwendig zu einem ökologischen Kollaps führen müsse (*tragedy*). Die Tragik besteht nach Hardin darin, dass eine wachsende Anzahl von Akteuren, die einen unbegrenzten Zugang zu begrenzten Gütern habe, diese bald verbraucht haben und damit den eigenen Ruin unvermeidlich herbeiführen werde, weil jeder Akteur immer nur danach strebe, seinen eigenen Profit zu maximieren, und nie danach, kollektive Güter zu vermehren. Falls er es doch tue, würde er unweigerlich im Konkurrenzkampf übervorteilt – „Nice guys finish last."[25] Was im Kontext der spieltheoretisch modellierten Evolutionstheorie bedeutet: Rücksichtsvolle sterben früher aus, Rücksichtslose später.

Nun endet Hardins Artikel aber nicht mit einem Bescheid der bevorstehenden Apokalypse, sondern mit einem Plädoyer für eine staatlich sanktionierte Geburtenkontrolle, um den ökologischen Kollaps zu vermeiden, den die globale Überbevölkerung früher oder später auslösen werde. In Rückübertragung der Analogie würde eine solche biopolitische Maßnahme eine entsprechende Instanz in der Regulation biosphärischer Prozessen verlangen: Gaia als Staatsmacht aller Lebewesen oder – als die unsichtbare Hand der Natur. So lässt sich der Streit um Gaia als eine indirekte Auseinandersetzung über die Existenz einer ökologischen Variante der *invisible hand* lesen, wie sie Adam

25 Vgl. Garrett Hardin, „Nice Guys Finish Last," in *Sociobiology and Human Nature*, hrsg. v. Michael S. Gregory et al. (San Francisco: Jossey-Bass, 1978), 183–194.

Smith seinerzeit in die politische Ökonomie eingeführt hatte.[26] Hardin zitiert aus Smiths Text, um danach zu fragen, ob sich die darin formulierte Annahme einer absichtslosen Steigerung des Gemeinwohls durch egoistische Marktteilnehmer auch auf den Bereich der menschlichen Fortpflanzung übertragen lasse. Weil aber das individuelle Fortpflanzungsverhalten der Menschen offenbar zu keinem „Populationsoptimum" führe, betrachtet Hardin die drohende Überbevölkerung als einen Beweis für das Ruhen der *invisible hand* bei Fragen des Bevölkerungswachstums.[27] Deshalb müsse vielmehr die *sichtbare* Hand der staatlichen Geburtenkontrolle in das menschliche Fortpflanzungsgeschehen eingreifen, um die Tragik der Allmende, also die globale Überbevölkerung und den damit verbundenen ökologischen Kollaps, zu verhindern.

Wenn Dawkins nun das Argument Hardins aufgreift, um die Gaia-Hypothese zu widerlegen, bestreitet er faktisch das Wirken einer unsichtbaren Hand in biosphärischen Angelegenheiten. Auch wenn er die Metapher Smiths' nicht wörtlich aufgreift, ist sie doch in seiner oben zitierten Argumentation doppelt anwesend: Einmal *begrifflich* in der Argumentationsfigur der *tragedy of commons,* mit der Hardin ihre Existenz bestritten hatte; und einmal *metaphorisch* in seiner Kritik der *poetry of webs and networks*. Bezeichnenderweise entwickelt er letztere aus der Figur der *exquisitely fashioned machine*. Die Vorstellung eines perfekt austarierten Mechanismus impliziert entweder einen Konstrukteur, der ihn gebaut hat, oder einen Maschinisten, der ihren Lauf überwacht. Die unsichtbare Hand wäre hier also die eines Uhrmachers oder eines Steuermanns. Die Natur als *a fine-meshed network of interrelationships, a web of connections which it has taken thousands of years to build up* scheint dann ebenfalls einen Akteur

26 Vgl. Adam Smith, *An Inquiry into the Nature and Causes of the Wealth of Nations*, hrsg. v. Kathryn Sutherland (Oxford: Oxford University Press, 2008), 291–292.

27 Garrett Hardin, „The Tragedy of the Commons," *Science* 162, Nr. 3859 (1968): 1244.

zu implizieren, der dieses Netz hervorgebracht hat. Derartige Implikationen (*elevated almost to the status of a religion by pop ‚ecology'*) sieht Dawkins mit der moralischen Aufforderung verbunden, das fein austarierte Netzwerk der Natur zu respektieren (*and woe betide mankind if we tear it down*).

Tatsächlich ist die Gaia-Theorie, etwa in der ökofeministischen Theologie, in dieser Hinsicht rezipiert worden, die in Gaia einen spirituellen Gegenpol zu den patriarchalischen Prinzipien des Christentums und eine auf Kooperation und Ganzheitlichkeit begründete Alternative zu den darwinistischen Prinzipien des individuellen Überlebenskampfs erkannte. Exemplarisch dafür sei eine Passage aus Rosemary Radford Ruethers *Gaia & Gott* zitiert, in der es heißt:

> Biologen und Biologinnen wie Lynn Margulis und James Lovelock haben uns eine neue Vision der Erde als Gaia gegeben, als lebendigen Organismus komplexer gegenseitiger Abhängigkeiten und biologischer Rückkoppelung, die ein Lebewesen mit seiner ‚Umgebung', Boden, Luft und Wasser verbindet. […] Der Irrtum des menschlichen Kulturkonzeptes der ‚Konkurrenz' liegt darin, daß es versäumt, die gegenseitige Abhängigkeit mit einzubeziehen.[28]

„Nur wenn wir verstehen lernen, wie im *Gewebe des Lebens* alles zusammenwirkt, können wir auch lernen, dieses Gewebe zu erhalten, statt es zu zerstören."[29] Ruether bezieht sich in ihren Betrachtungen zum *Gewebe des Lebens* unter anderem auf Fritjof Capra, der in *The Tao of Physics* östliche Mystik und moderne Physik miteinander in Einklang zu bringen versucht und dabei die Metapher des *cosmic web* zu einer Orient und Okzident, Moderne und Mythos umspannenden Denkfigur erklärt: „The picture of an *interconnected cosmic web* which emerges from modern

28 Rosemary Radford Ruether, *Gaia & Gott: Eine ökofeministische Theologie der Heilung der Erde*, übersetzt von Veronika Merz (Luzern: Edition Exodus, 1994), 67–68.

29 Ebd., 98. Hervorhebung von mir.

atomic physics has been used extensively in the East to convey the mystical experience of nature. For the Hindus, Brahman is the unifying thread in the cosmic web, the ultimate ground of all being."[30] Capra seinerseits bezieht sich in seinem Buch auf Lovelock und in seinem späteren Bestseller *The Web of Life* (1996) diente dem Heisenberg-Schüler die Gaia-Theorie als theoretische Grundlage für – so der Untertitel: – *A New Scientific Understanding of Living Systems,* das zugleich das Paradigma für eine nachhaltige ökologische Lebensweise der globalen Zivilgesellschaft abgeben sollte, die dafür nur ihre universale Vernetztheit einzusehen lernen müsste: „Whenever we look at life, we look at networks."[31] Zumindest bis in die 1980er Jahre galt Capra als ein prominenter Vertreter der *New-Age*-Bewegung, deren Anhänger Gaia enthusiastisch als Personifikation von Mutter Natur feierten. Dass dieser Umstand der wissenschaftlichen Akzeptanz seiner Theorie geschadet habe, räumte Lovelock später ein, jedoch nicht ohne im selben Atemzug die Ignoranz der Wissenschaftler in Sachen Gaias zu kritisieren.[32] Tatsächlich hat Lovelock nach der Publikation seines ersten Gaia-Buchs doppelt so viele Zuschriften von religiös oder spirituell inspirierten Lesern erhalten als von wissenschaftlich interessierten, wie er im Vorwort zu Anne Primavesis Buch *Sacred Gaia* berichtet, das sich in ökologischer Hinsicht mit den theologischen Implikationen seiner Theorie beschäftigt.[33]

Primavesi ihrerseits modelliert Gaia in systemtheoretischer Hinsicht als eine autopoietische Entität, wobei sie autopoietische

30 Fritjof Capra, *The Tao of Physics: An Exploration of the Parallels between Modern Physics and Eastern Mysticism* (Boulder, CO: Shambhala, 1975), 139. Hervorhebungen von mir.

31 Fritjof Capra, *The Web of Life: A New Scientific Understanding of Living Systems* (New York: Anchor Books, 1996), 82; dt. *Lebensnetz: Ein neues Verständnis der lebendigen Welt*, übersetzt von Michael Schmidt (Bern/München/Wien: Scherz Verlag, 1996), 100.

32 Lovelock, *The Revenge of Gaia*, 147.

33 Vgl. James Lovelock, Vorwort zu Anne Primavesi, *Sacred Gaia: Holistic Theology and System Science* (London/New York: Routledge, 2000), xi.

 Systeme – unter Rekurs auf die Arbeiten von Maturana und Varela, Capra, Margulis und Luhmann – dezidiert als *Netzwerke* fasst:

> The term refers to the dynamic, self-producing and self-maintaining network of production processes within live organisms. Whatever their components, an indispensable aspect of living beings is that the function of each component is to participate in the production or transformation of other components in the network.[34]

Damit schreibt Primavesi, analog zu Capra, die Metaphorik der Netzwerke fort – und in das ökologisch-spirituell bzw. theologisch verstandene *Gewebe des Lebens* ein –, welche von den argentinischen Biokybernetikern Mitte der 1970er Jahre zur Definition von Organismen eingeführt worden war: „[W]e claim that the living organization can only be characterized unambiguously by specifying the network of interactions of components which constitute a living system as a whole, that is, as a ‚unity.'"[35] – In der Sprache der Biokybernetiker tritt die Netzwerkmetaphorik bereits in der terminologisierten Gestalt auf, die sie seit Ende des 19. Jahrhunderts unter dem Eindruck verschiedener wissenschaftlicher und technischer Entwicklungen anzunehmen begonnen hatte.[36] Von dieser Terminologisierung zehrt auch Dawkins' Verständnis von Netzwerken, wenn er in seiner Kritik der Metaphorik einräumt: „A network of relationships there may be, but it is made up of small, self-interested components."[37]

34 Primavesi, *Sacred Gaia*, 2.

35 Francisco Varela, Humberto Maturana und Ricardo Uribe, „Autopoiesis: The Organization of Living Systems, its Characterization and a Model," *Biosystems* 5, Nr. 4 (1974): 187.

36 Vgl. Alexander Friedrich, „Metaphorical Anastomoses: The Concept of ‚Network' and its Origins in the Nineteenth Century," in *Travelling Concepts For the Study of Culture*, hrsg. v. Birgit Neumann und Ansgar Nünning (Berlin/Boston: Walter de Gruyter, 2012), 119–143; Alexander Friedrich, *Metaphorologie der Vernetzung: Zur Theorie kultureller Leitmetaphern* (Paderborn: Wilhelm Fink, 2015), 285–333.

37 Dawkins, *The Extended Phenotype*, 236–237.

Dabei entbehrt es nicht der Ironie, dass Dawkins die angebliche Annahme einer intentional verfassten Natur (*Gaia* als *Mother Earth*) ausgerechnet durch das Postulat einer intentional verfassten Natur (*selfish genes* als *self-interested components*) bestreitet. Die Sprache der Systemtheorie und das Vokabular der selbstorganisierten Netzwerke ermöglicht nun jedoch eine scheinbar bruch- und geräuschlose Vermittlung zwischen dem harmonisch-holistischen und dem ökonomisch-evolutionistischen Verständnis von Netzwerken und damit zugleich eine Vermeidung oder Invisibilisierung des Problems der unsichtbaren Hand bzw. der systemischen Regulation, das noch bis Anfang der 1980er Jahre die Kontroverse bestimmt.

Mother Spaceship Earth

Ford Doolittle, der seine Kritik der Gaia-Hypothese bereits ein Jahr vor dem Erscheinen von *The Extended Phenotype* unter dem Titel „Is Nature really Motherly?" in *The CoEvolution Quarterly* (1981) veröffentlichte, hypostasiert den neuralgischen Punkt der Hypothese – das Problem der Regulationsinstanz – mit einer ironischen Pointe. Doktor Doolittle, der Biochemiker, zitiert aus einer Geschichte von Doktor Dolittle, dem Kinderbuchhelden (1920–1952), um einen literarischen Vergleich anzustellen [Abb. 2]:

> In Hugh Lofting's book *Doctor Dolittle in the Moon*, John Dolittle marvels at the absence of Darwinian competition among the lunar flora and fauna. This, it turns out, reflected the dominance of ‚The Council', which was ‚made up of members from both the Animal and Vegetable Kingdoms. Its main purpose was to regulate life on the Moon in such a way that there should be no more warfare.' Dolittle remarks to his aide, ‚our world that thinks itself so far advanced has not the wisdom, the foresight, Stubbins, which we have seen here. Fighting, fighting, always fighting! So it goes down there with us [...] The ‚survival of the fittest'! [...] It is this thing here, this Council of Life – of life adjustment – that could

have saved the day and brought happiness to all.' Lovelock's Gaia is very much the terrestrial equivalent of Lofting's lunar Council. But the Council was created by Otho Bludge, the first moon man and a refugee from Earth. Who created Gaia?[38]

Abbildung 2: „Where the globe of the Earth glowed dimly" – *Doctor Dolittle in the Moon* by Hugh Lofting, Philadelphia 1928.

Die Reminiszenz an den astronautischen Ausflug des menschenscheuen Arztes, der lieber mit Tieren spricht, ist in mehrfacher Hinsicht bemerkenswert. Denn die Anspielung erschöpft sich nicht nur in der Namensähnlichkeit der beiden Do(o)littles. Während die Romanfigur Dolittle die Erde vom Mond aus betrachtet und den darwinistischen Gang der Dinge daheim beklagt: „Fighting, fighting, always fighting!"; konzediert der Naturforscher Doolittle vom ‚Boden der Tatsachen' aus das unabänderliche Faktum: „That is what evolution is all about, whether we like it or not."[39] Mit seinem Einwand impliziert Doolittle, dass die Annahme eines planetarischen Regulationssystems der Hoffnung auf eine Art Parlament der Natur gleichzusetzen ist, das sich zudem nicht einfach von selbst versammelt habe, sondern von einem imaginären Gründer gestiftet worden sei. Der Einwand beruht damit auf Prämissen, die noch anfechtbarer sind

38 Doolittle, „Is Nature Really Motherly?," 60.
39 Ebd., 61.

als der Gegenstand der Kritik; es handelt sich offenbar um ein rhetorisches Manöver, das den von Lovelock intendierten Perspektivwechsel gleichsam wieder auf den irdischen Standpunkt zurückbiegen soll. Denn es war ja gerade der außerirdische Blick auf die Erde, der Lovelock zu einer anderen Sicht auf das irdische Leben inspirierte: „Die erste Gaia-Sicht war vom Blick aus dem Weltraum bestimmt, die Argumente kamen aus der Thermodynamik,"[40] erklärt Lovelock. Und diese Perspektive bestimmt auch zu einem großen Teil das Thema der 1975 erschienenen CQ-Ausgabe, in der „The Gaia-Hypothesis" erstmals veröffentlich wurde [Abb. 3].

Abbildung 3: *Whole Earth Catalog* (Fall 1968), 30th Anniversary Celebration (Winter 1998)

So geht dem Artikel von Lovelock und Margulis eine Rezension zu drei Bildbänden voraus, die Fotografien der Erde aus dem

40 James Lovelock, *Das Gaia-Prinzip* (Zürich/München: Artemis & Winkler, 1991), 58. Siehe dazu auch die Einleitung des vorliegenden Buchs.

Weltraum zeigen. Der Autor der Rezension ist Carl Sagan, Astronom, Autor des meistverkauften englischsprachigen Wissenschaftsbuchs *Cosmos* und früherer Ehemann von Lynn Margulis. Die Fotografie der Erde aus dem Weltraum ziert schließlich auch das Cover der Jubiläumsausgabe des *Whole Earth Catalog* (1998), in dem Margulis ihre Geschichte der Gaia-Hypothese erzählt. Das Cover ist ein Reprint der Erstausgabe des Magazins, dessen Name sich diesem Motiv schließlich verdankt. Nur wenige Seiten vor Sagans Rezension in der fraglichen CQ-Ausgabe findet sich nun der Nachdruck eines Essays von Garrett Hardin, dessen *tragedy of the commons* sieben Jahre später von Dawkins gegen Lovelock ins Feld geführt werden sollte.[41] In dem Essay namens „Living on a Lifeboat" beschäftigt sich der Ökologe mit den Problemen der Ressourcenknappheit und des Bevölkerungswachstums im Kontext der Metapher des *Spaceship Earth*. Der Text setzt mit einer Reflexion des Status von Metaphern in theoriesprachlichen Diskursen ein:

> [I]t is probably impossible to approach an unsolved problem save through the door of metaphor. Later, attempting to meet the demands of rigor, we may achieve some success in cleansing theory of metaphor, though our success is limited if we are unable to avoid using common language, which is shot through and through with fossil metaphors. (I count no less than five in the preceding two sentences.) Since metaphorical thinking is inescapable it is pointless merely to weep about our human limitations. We must learn to live with them, to understand them, and to control them. ‚All of us,' said George Eliot in *Middlemarch*, ‚get our thoughts entangled in metaphors, and act fatally on the strength of them.' To avoid unconscious suicide we are well advised to pit one metaphor against another. From the interplay of competitive

41 Garrett Hardin, „Living on a Lifeboat," *The CoEvolution Quarterly*, Nr. 6 (Summer 1975): 16–23, zuerst in: *BioScience* 24, Nr. 10 (1974): 561–68.

> metaphors, thoroughly developed, we may come closer to metaphor-free solutions to our problems.[42]

Die absolute Metaphernfreiheit von Theoriesprachen versteht Hardin damit als ein Ideal, das zwar nicht völlig erreicht, aber angestrebt werden sollte. Wie Blumenberg versteht er metaphorisches Denken als *inescapable,* allerdings nur aus historisch-faktischen, nicht aus prinzipiellen Gründen. Eine ideale, metaphernfreie Sprache stehe nicht zur Verfügung, scheint aber prinzipiell möglich. Daher bleibe vorerst nur der kontrollierte Gebrauch und Wettstreit von Metaphern. Hardin selbst beabsichtigt, die Metapher des *Spaceship Earth* durch eine bessere Metapher für die Reflexion des Verhältnisses des Menschen zur Erde zu ersetzen. Die Metapher, die den Planeten als ein mit begrenzten Ressourcen ausgestattetes Raumschiff im lebensfeindlichen Ozean der kosmischen Leere beschreibt, taucht in semantischer Präfiguration bereits im 19. Jahrhundert auf, bevor sie in der zweiten Hälfte der 1960er Jahre – motiviert durch die Raumfahrtprogramme des ideologisch aufgeladenen *space race* bzw. космическая гонка – ihre entscheidende Konjunktur erfährt.[43] Hardin kritisiert nun diese Metapher, unter Beibehaltung ihrer ökonomischen Konnotationen, ganz im Sinne der *tragedy of the commons:*

> For the metaphor of a spaceship to be correct, the aggregate of people on board would have to be under unitary sovereign control. A true ship always has a captain. [...] What about

42 Hardin, „Living on a Lifeboat," 16.

43 Vgl. Henry George, *Progress and Poverty* (Garden City, NY: Doubleday, Page & Co., 1912). Maßgeblich popularisiert wurde die Metapher durch: Adlai Ewing Stevenson, „Strengthening the International Development Institutions." Speech before the United Nations Economic and Social Council, Geneva, Switzerland, July 9, 1965; Kenneth Ewart Boulding, „The Economics of the Coming Spaceship Earth," in *Environmental Quality in a Growing Economy,* hrsg. v. Henry Ed Jarrett (Baltimore: The Johns Hopkins Press, 1966); Barbara Ward, *Spaceship Earth* (New York: Columbia University Press, 1966); Richard Buckminster Fuller, *Operating Manual for Spaceship Earth* (Carbondale: Southern Illinois University Press, 1969).

> Spaceship Earth? It certainly has no captain [...] . The spaceship metaphor is used only to justify spaceship demands on common resources without acknowledging corresponding spaceship responsibilities.[44]

Hardins korrigiert die Metapher daher in ethischer Hinsicht: Solange es keinen Kapitän, also keine Weltregierung gebe, sei das Raumschiff Erde in Wahrheit nur eine ziellose Flotte von Rettungsbooten – und dementsprechend müsse man seine Verhaltensregeln anpassen:

> [S]o long as there is no true world government to control reproduction everywhere it is impossible to survive in dignity if we are to be guided by Spaceship ethics. Without a world government that is sovereign in reproductive matters mankind lives, in fact, on a number of sovereign lifeboats. For the foreseeable future survival demands that we govern our actions by the ethics of a lifeboat. Posterity will be ill served if we do not.[45]

Deutlicher kann sich kaum aussprechen, was Blumenberg über den epistemischen und den pragmatischen Aspekt absoluter Metaphern wie auch über die Voraussetzungen der rhetorischen Situation bemerkt hatte. Die metaphorische Modellierung der Wirklichkeit soll nicht durch eine metaphernfreie Beschreibung, sondern durch eine passendere Metaphorik ersetzt werden, die sowohl eine Vorstellung des verhandelten Gegenstands als auch eine prinzipielle Orientierung und Verhaltensanweisung gibt. Diese werde benötigt, weil dringender Handlungsbedarf bestehe. Das Problem des Evidenzmangels bekundet sich darin, dass man über keine metaphernunabhängige Modellierung des Gegenstands verfügt, die eine solche Orientierung erlaubt.

Nun hatte auch Lovelock bereits in seinem ersten Gaia-Artikel (1972) die Metapher des *Spaceship Earth* explizit zurückgewiesen;

44 Hardin: „Living on a Lifeboat," 16.
45 Ebd., 23.

allerdings aus einem anderen Grund und mit anderen Konsequenzen. Der Artikel enthielt noch keine ausgearbeitete Hypothese, aber die zu ihr führenden Beobachtungen und die sich daran anschließende Vermutung, dass angesichts der Unwahrscheinlichkeit der relativen Temperaturstabilität der Erde unter stark schwankenden kosmischen Bedingungen die Existenz eines biologischen Kontrollsystems angenommen werden muss: „a biological cybernetic system able to homeostat the planet for an optimum physical and chemical state appropriate to its current biosphere [...] ."[46] Vor dem Hintergrund dieses Gedankens lehnt Lovelock die astronautische Welt-Metapher als die anthropozentrische Entstellung eines intuitiven Urgedankens ab:

> The concept of Gaia has been intuitively familiar throughout history and perhaps only recently has it been distorted by anthropocentric rationalizations. One of these, fashionable in discourse upon the ‚Environment' is that we are travellers within the ‚Space Ship Earth' and that the biosphere is there as a ‚Life Support System', presumably for our special benefit. [...] They are both misleading and unnecessary as a replacement for the older concept of the Earth as a very large living creature, Gaia, several giga-years old who has moulded the surface, the oceans, and the air to suit her and for the very brief time we have been part of her, our needs.[47]

Aus Mutter Erde, so könnte man Lovelocks Kritik paraphrasieren, habe man in ökonomischer Sorge um sich selbst ein Mutterschiff gemacht. Lovelock plädiert stattdessen für eine zwar nicht mehr anthropozentrische, aber doch anthropomorphe Alternative. Die Ersetzung der mechanistischen Metaphorik durch eine demiurgische beruht indes noch immer auf der Voraussetzung einer regulierenden Instanz: statt der des Kapitäns nun die der Erdgöttin. Indem Lovelock sich seit der frühesten

46 James Lovelock, „Gaia as Seen through the Atmosphere: Letter to the Editors," *Atmospheric Environment* 6, Nr. 8 (1972): 579.

47 Ebd., 580.

Formulierung der Gaia-Hypothese auf kybernetische Denkfiguren (*feedback loops*) stützt, begibt er sich mit seiner Kritik an der astronautischen Metaphorik in ein ambivalentes Verhältnis zu der Lehre von den Regulationskreisläufen, die von ihrem Begründer, Norbert Wiener, ausdrücklich als Steuermannskunst *(kybernetiké techné)* etymologisiert worden war, da „die Steuermaschine eines Schiffes tatsächlich eine der ersten und am besten entwickelten Formen von Rückkopplungsmechanismen ist."[48]

Indem Lovelock nun einerseits die Schiffs- und Maschinenmetaphorik zurückweist, argumentativ aber innerhalb des Theorierahmens der Kybernetik bleibt, stellt sich die Frage, wie Gaia als ein System, das einem Set von Regeln folgt, zustande gekommen sein soll, wenn ihrer Organisation keine intentionale Regelungsinstanz und auch kein Schöpfersubjekt zugrunde liegen soll. Mit der Frage „Who created Gaia?" unterstellt Doolittle mit Dolittle, dass die Annahme eines Regulationsmechanismus notwendig teleologisch sein muss, und zwar unbesehen der Frage, ob man Gaia organizistisch, politisch oder technomorph modelliert. Und teleologische Argumentationsfiguren stehen im Kontext der neodarwinistischen Evolutionsbiologie unter dem Verdacht, den Vitalismus zu restituieren, der seit der Mitte des 20. Jahrhunderts für überholt gilt, insbesondere wegen der Beziehung, die er zum Animismus unterhalte.[49]
Damit lassen sich zwei zentrale Probleme identifizieren, denen sich die Aporien und Missverständnisse der frühen Gaia-Kontroverse verdanken: zum einen ist dies die Frage nach der Möglichkeit der *Selbstorganisation* komplexer Systeme ohne eine koordinierende Instanz; und zum anderen die Frage nach dem Status der Metaphern, die zur Modellierung solcher Systeme ins Spiel gebracht werden – und zwar *als* Metaphern. Beide Probleme werden durch die Einführung der Netzmetaphorik

48 Norbert Wiener, *Kybernetik* (Reinbek bei Hamburg: Rowohlt, 1971), 32.

49 Siehe dazu auch Georges Canguilhem, „Aspekte des Vitalismus," in *Die Erkenntnis des Lebens*, übers. v. Till Bardoux, Maria Muhle und Francesca Raimondi (Berlin: August Verlag, 2009), 149–181.

entschärft, wobei sie letztlich auch zu einer Akzeptanz der Gaia-Theorie beitragen. Mit dieser These wird dieses Kapitel die metaphorologischen Betrachtungen der Gaia-Kontroverse abschließen.

Gaias Netze

Was die Frage nach der Funktion von Metaphern in Theoriesprachen betrifft, so lässt sich im Rückblick auf die Gaia-Kontroverse feststellen, dass die neo-darwinistischen Einwände notorisch vom Status des *Als-Ob* der Modellierung absehen, indem sie die Analogie als Identitätsaussage interpretieren und angreifen. Nun hatte Kant im Vorwort der *Kritik der Urteilskraft*, auf die auch Blumenberg seine metapherntheoretischen Überlegungen stützt, die Frage der Teleologie im Bereich der Natur gerade unter Berufung auf den Status des Als-Ob beantwortet: Zwar könne man gerechtfertigterweise nicht behaupten, dass die Natur in der Hervorbringung ihrer Formen zweckbestimmt vorgehe, doch lassen sich viele ihrer Phänomene, darunter die Organismen, gar nicht verstehen, wenn man diese nicht als zweckmäßig eingerichtet denke. Dies bedeute letztlich „die Natur, gleich einer Vernunft sich als technisch vorzustellen," obwohl die „Technik der Natur" als solche kein Gegenstand der Erfahrung sein könne.[50] Insbesondere Lebewesen blieben gänzlich unbegreiflich, wenn man sie nur als Resultat mechanischer Gesetze denken wolle; das Ganze lasse sich nicht aus seinen Teilen ableiten, sondern müsse immer schon vorausgesetzt werden, um eine kausale Erklärung der Teile überhaupt erlangen zu können.[51] Lebewesen müssen demnach notwendigerweise so betrachtet werden, *als ob* sie zweckmäßig organisiert seien. Ein solches Urteil aber ist „ein bloß reflektierendes, kein bestimmendes

50 Immanuel Kant, *Kritik der Urteilskraft* (*Werkausgabe*, Bd. 10), hrsg. v. Wilhelm Weischedel (Frankfurt am Main: Suhrkamp, 1974), 48–49.

51 Vgl. ebd., 50.

Urteil."[52] Ein reflektierendes Urteil über die belebte Natur lässt unbestimmt, „ob die Zweckmäßigkeit derselben *absichtlich* oder *unabsichtlich* sei. Dasjenige Urteil, welches eines von beiden behauptete, würde nicht mehr bloß reflektierend, sondern bestimmend sein".[53]

Bezieht man die von Kant diskutierte Problematik auf die Gaia-Kontroverse, lassen sich die oben nachgezeichneten Aporien und Missverständnisse im Grunde damit erklären, dass sie einer fehlenden Unterscheidung von reflektierenden und bestimmenden Urteilen geschuldet sind. Lovelocks Anweisung, das Ganze der belebten Natur so zu denken, *als ob* es zweckmäßig organisiert sei, ist dabei durchaus im Sinne Kants. Doch wird die Denkanweisung von seinen Kritikern nicht als reflektierendes, sondern als bestimmendes Urteil aufgefasst und zurückgewiesen. Indem sie dabei auf eine rein reduktionistische Sprache insistieren, die nur bestimmende Urteile gelten lässt, wo nach Kant reflektierende Urteile verlangt sind, verwechseln sie eine *Voraussetzung des Gebrauchs* der Urteilskraft (Als-Ob-Natur) mit einem *Objekt* der bestimmenden Urteilskaft. Und diese Verwechslung – philosophisch gesprochen: ein Kategorienfehler – führt zu dem grundlegenden Missverständnis in der Kontroverse.

Lovelock begegnet dem mit einer doppelten Strategie: *zum einen* sich auf die Forderung seiner Kritiker einzulassen, etwa indem er die Daisyworld-Simulation entwickelt (siehe dazu näher das Kapitel von Niklas Schrape); *zum anderen* aber die Notwendigkeit metaphorischen Sprechens zu verteidigen. Die besondere Schwierigkeit, den Status der Aussagen über Gaia klar zu bestimmen – wann sind es reflektierende, wann bestimmende Urteile –, wird auch wesentlich durch den Umstand bedingt, dass das „nie erfahrbare, nie übersehbare Ganze"[54] der belebten Natur kein Gegenstand der Anschauung ist, sondern eben einer

52 Ebd.

53 Ebd., 51.

54 Blumenberg, *Paradigmen zur Metaphorologie*, 25.

vom Typus derer, für die nach Blumenberg absolute Metaphern notwendig sind, um sie überhaupt vorstellbar zu machen, und zwar auf dem Weg einer Analogiebildung, „die mit dem Gemeinten nur die *Form der Reflexion* gemeinsam hat, nicht aber Inhaltliches."[55] Anders nämlich als existierende Organismen, die *als zweckmäßig* (und das heißt, wie Kant bemerkt: technisch) vorgestellt werden müssen, soll das Ganze der Natur *als lebendig* gedacht werden, *um* es als zweckmäßig organisiert denkbar zu machen. Es handelt sich also um eine „Übertragung der Reflexion über einen Gegenstand der Anschauung auf einen ganz andern Begriff, dem vielleicht nie eine Anschauung direkt korrespondieren kann,"[56] dessen Gegenstand aber auf diese Weise erst vorstellbar gemacht wird. Diese Vorstellung wiederum ist notwendig, um die Stabilität optimaler Lebensbedingungen auf der Erde überhaupt erklären zu können – so das zentrale Argument der Gaia-Theorie.

Abbildung 4: Frontispiz *Oceanus Macro-Microcosmicus* von Sachs von Lewenheimb (1664)

55 Ebd., 11. Vgl. Kant, *Kritik der Urteilskraft*, 295.

56 Blumenberg, *Paradigmen zur Metaphorologie*, 12. Vgl. Kant, *Kritik der Urteilskraft*, 296.

Dass Lovelock und Margulis ihre Denkanweisung nicht als ein bestimmendes Urteil geltend machen, zeigt eine Analogie, die sie dem CQ-Artikel über die „Gaia Hypothesis" mit einer Abbildung des Frontispizes von Sachs von Lewenheimbs *Oceanus Macro-Microcosmicus* von 1664 vorangestellt haben [Abb. 4].[57] Der Breslauer Stadtphysikus und Mitbegründer der *Academia Naturae Curiosorum* (Leopoldina) war ein Verfechter der Lehren William Harveys, des Entdeckers des Blutkreislaufs. Lovelock und Margulis erklären zu Beginn des Artikels, dass sie von Lewenheimbs Analogie des Wasserkreislaufs der Erde und des Blutkreislaufs des Körpers wiederbeleben wollen – nur diesmal in umgekehrter Richtung, um die Atmosphäre als Zirkulationssystem der Biosphäre zu beschreiben:

> In 1664 Sachs von Lewenheimb, a champion of William Harvey, used the analogy shown in Figure 1 [hier: Abbildung 4] to illustrate the concept of the circulation of blood. Apparently the idea that water lost to the heavens is eventually returned to Earth was so acceptable in von Lewenheimb's time that Harvey's theory was strengthened by the analogy. Three hundred and ten or so years later, with the circulation of blood a universally accepted fact, we find it expedient to revive von Lewenheimb's analogy – this time to illustrate our concept of the atmosphere as circulatory system of the biosphere. This new way of viewing the Earth's atmosphere has been called the ‚Gaia' hypothesis. The term Gaia is from the Greek for ‚Mother Earth,' and it *implies* that certain aspects of the Earth's atmosphere [...] form a homeostatic system.[58]

Indem sie die Analogie ausdrücklich als Analogie ausweisen und explizieren, argumentieren sie durchaus nicht für „die Wiederkehr der Lehre von der wechselseitigen Spiegelung des

57 James Lovelock und Lynn Margulis, „The Atmosphere As Circulatory System: The Gaia Hypothesis," *The CoEvolution Quarterly*, Nr. 6 (Summer 1975): 30.

58 Ebd., 31–32. Hervorhebung von mir.

Mikro- und Makrokosmos."[59] Die Analogie operiert im Modus eines reflektierenden, nicht eines bestimmenden Urteils. Zumal es den beiden ja darum geht, der Analogie von Wasser- und Blutkreislauf eine kybernetische Begründung zu geben. Gleichwohl erschließt sich aus ihrer Erklärung nicht, inwiefern der griechische Name für *Mother Earth* ein *homeostatic system* „impliziert." Der mythische Name Gaias bleibt letztlich in unauflöslicher Spannung zum Anspruch der Theorie und motiviert, entgegen der behaupteten Intention, immer wieder eine personifizierende oder intentionalistische Auslegung, die das Als-Ob der Zweckmäßigkeit tilgt.

Was die organizistische Metaphorik betrifft, so hat sich Margulis später explizit davon distanziert: „I reject Jim's statement: ‚The Earth is alive'; this metaphor, stated in this way, alienates precisely those scientists who should be working in a Gaian context. I do not agree with the formulation that says ‚Gaia is an organism.'"[60] Technomorphe Metaphoriken wie das *Spaceship Earth* vertragen sich wiederum nicht mit dem Anspruch, dass Gaia ein Produkt der Evolution sei. Technische Metaphern implizieren letztlich immer einen Konstrukteur oder ein Kontrollsubjekt. Beides jedoch soll außen vor bleiben. Die ökonomisch-politische Metaphorik der Gaia-Gegner hingegen erlaubt es nicht, den Prozess der Koordination eines Systems ohne eine Form der planvollen Regulation oder Regierung vorzustellen, solange das stabilisierende Wirken einer unsichtbaren Hand für unmöglich gehalten wird, die eine *tragedy of the commons* verhindern würde. Um dem geforderten Anspruch der Theorie entgegenzukommen, wird also eine Metaphorik benötigt, die den nicht unmittelbar

59 Hartmut Böhme, „Gaia: Bilder der Erde von Hesiod bis James Lovelock," in *Bericht 1991 des Kulturwissenschaftlichen Instituts,* hrsg. v. Lutz Niethammer (Essen: KWI, 1992), 195.

60 Lynn Margulis, „Jim Lovelock's Gaia," in *The Biosphere and Noosphere Reader,* hrsg. v. Paul R. Samson und David Pitt (London/New York: Routledge, 1999), 120.

 beobachtbaren Gegenstand unter Vermeidung dieser Hindernisse vorstellbar macht.

An diesem Punkt kommt die Metaphorik der Netze ins Spiel. Sie erlaubt es nämlich, kybernetische, organische und ökonomische Modellierungen von Systemen als *komplexe Netzwerke* miteinander und überdies mit den harmonistisch-holistischen und mythisch-spirituellen Vorstellungen vom *Gewebe des Lebens* in Einklang zu bringen, die sich vor allem im Kontext religiöser oder theologischer Rezeptionen der Gaia-Theorie großer Beliebtheit erfreuten. Zwar ließen sich *Gewebe*, *Netze* und *Netzwerke* (wie auch im Englischen *web*, *net* und *network*) untereinander und noch einmal verschiedene Typen von Netzwerken voneinander unterscheiden. Bezeichnend für die Karriere des Netzes als einer kulturellen Leitmetapher ist jedoch, dass sie im Laufe des 20. Jahrhunderts, vor allem ab den 1980er Jahren, all diese Vorstellungen und Konnotationen sukzessive integriert und übereinander blendet.[61] Gerade im Kontext des *New Age* ist diese Überblendung von Netzmodellen für kooperative oder spirituelle Verbindungen im Sinne einer Gemeinschaft von gleichgesinnten und solidarischen Individuen mit Netzwerken in einem systemtheoretischen Sinne zu beobachten.[62]

Zum Vokabular der Gaia-Theorie selbst gehört die Netzmetaphorik jedoch nicht von Anbeginn; sie taucht dort offenbar erst Ende der 1970er Jahre auf. In seiner 1979 erschienenen Oxford-Monografie stellt Lovelock Gaia dann aber ausdrücklich als ein selbstorganisiertes Netzwerk dar:

61 Vgl. Friedrich, *Metaphorologie der Vernetzung*.

62 So etwa in Marilyn Fergusons einflussreichem Bestseller *The Aquarian Conspiracy*: Marilyn Ferguson, *The Aquarian Conspiracy: Personal and Social Transformation in Our Time/in the 1980s* (Los Angeles: J. P. Tarcher, 1980), 213. Siehe dazu näher Alexander Friedrich, „Vernetzung als Modell gesellschaftlichen Wandels: Zur Begriffsgeschichte einer historischen Problemkonstellation," in *Die neue Wirklichkeit: Semantische Neuvermessungen und Politik seit den 1970er-Jahren* (Schriften aus dem Max-Planck-Institut für Gesellschaftsforschung 86), hrsg. v. Ariane Leendertz und Wencke Meteling (Frankfurt am Main: Campus, 2016), 41–44.

> [Some biological] systems would have evolved *intricate chemical and physical nets* with which to harvest scarce materials from the sea. In time, these independent salvage operations would be merged and co-ordinated in the interests of greater productivity. The *more complex cooperative network* would have properties and powers greater than the sum of its parts and to this extent may be recognized *as one of the faces* of Gaia.[63]

Im Einklang mit dem organischen Bild lebendigen Gewebes beschreibt Lovelock die Interdependenz der kybernetischen Kooperationen auch als „network of intricate loops," „complex co-operative network" oder auch als „Gaia's intelligence network and intricate system of checks and balances."[64] In Lovelocks Sprache selbst ersetzt oder verdrängt die Netzmetaphorik die Organismusmetaphorik nicht – sie firmiert lediglich *as one of the faces of Gaia* und wird daher auch in den Folgejahren nicht zur dominanten Gaia-Metapher in seinen Schriften; aber mit der zunehmenden Verbreitung und Terminologisierung der Netzmetaphorik sowohl in unterschiedlichsten wissenschaftlichen Disziplinen als auch in der Alltagssprache ab Mitte der 1980er Jahre konnte die Gaia-Theorie Anschluss an eine Vielzahl ökologischer, evolutionsbiologischer und komplexitätstheoretischer Diskurse finden. So resümiert etwa der Molekularbiologe und Netzwerktheoretiker Peter Csermely in seinem Buch über *Weak Links: Stabilizers of Complex Systems from Proteins to Social Networks*:

> Gaia is the whole ecosystem of the Earth. Everything around us and inside us belongs to it: the biosphere, atmosphere, oceans and soil, all making up a highly regulated network. At first, the self-regulating nature of the whole Earth ecosystem was received with skepticism. However the increasing

63 James Lovelock, *Gaia* (Oxford: Oxford University Press, 1979), 25. Hervorhebungen von mir.

64 Ebd., 42 und 123.

> number of demonstrations had led to wide support by the end of the 1980s [...] . Gaia is the most complex network we have ever met, and has most probably developed a lot more stabilizing effects than we have ever found or even thought of.[65]

Indem Netzwerke zu einem neuen Universalmodell der Beschreibung komplexer Systeme physikalischer, chemischer, biologischer, sozialer, technischer und medialer Natur werden, erlangt Gaia auch eine neue Bedeutung für die Reflexion der Verhältnisse verschiedener Netzwerke zueinander; so gilt sie nun nicht nur als *the most complex network we have ever met,* sondern auch als *Netzintegral aller biologischen Netze,* wie es der Kulturtheoretiker Hartmut Böhme formuliert:

> Netze kommen immer nur als Netze innerhalb von Netzen vor. Netze in Netzen benötigen aber eine Obergrenze: Für das Leben ist dies (vorläufig) der Planet Erde; ‚Gaia' ist der Name für das Netz der Netze des Lebendigen überhaupt, der Erde. [...] Denn vom heutigen Standpunkt aus darf man sagen, daß im Hinblick auf die Evolution des Lebens die Erde das Netzintegral aller biologischen Netze und das Internet das Netzintegral aller kulturellen Netze ist.[66]

Dass Netze immer in anderen Netzen nisten, gelte also für alle Netze, außer Gaia, *dem „Netz der Netze des Lebendigen überhaupt"* – diese Problematik wird uns später noch einmal in anderer Gestalt wiederbegegnen, nämlich in Form der Frage, was die Umwelt aller Umwelten sei (siehe das Kapitel von Florian Sprenger). Für den Abschluss der metaphorologischen Betrachtung mag es an dieser Stelle genügen, aus den bisherigen

65 Peter Csermely, *Weak Links* (Berlin/Heidelberg: Springer, 2009), 270. Csermely bezieht sich dabei auf Lovelock, *Gaia* und James Lovelock, „Gaia: The Living Earth," *Nature* 426, Nr. 6968 (2003): 769–70.

66 Hartmut Böhme, „Netzwerke: Zur Theorie und Geschichte einer Konstruktion," in *Netzwerke: Eine Kulturtechnik der Moderne*, hrsg. v. Jürgen Barkhoff, Hartmut Böhme und Jeanne Riou (Köln: Böhlau Verlag, 2004), 20.

Beobachtungen den Schluss zu ziehen, dass die Netzmetaphorik zur Anschlussfähigkeit und fachlichen Akzeptanz der Gaia-Theorie sowohl in den Natur- als auch in den Kulturwissenschaften beigetragen hat. Neben der Vermeidung – oder auch Invisibilisierung – theoretischer Aporien und Missverständnisse, die sich mit den früheren Metaphern verbinden, darf als eine wesentliche Bedingung dieser Entwicklung gelten, dass die besondere Attraktivität der Netzmetaphorik darin besteht, für alle Rezeptionskreise und Lesarten Gaias anschlussfähig zu sein, indem sie sowohl mit system-, komplexitäts-, oder dezidiert netzwerktheoretischen Ansätzen ebenso in Einklang gebracht werden kann wie mit holistischen, spirituellen oder ökologischen Ideen einer universalen Verwobenheit des Lebens. In der ambivalenten Spannung zwischen außer-, populär- und fachwissenschaftlichen Rezeptionen profitiert die Gaia-Theorie damit nicht nur von der allgemeinen Karriere des ‚vernetzten' Denkens seit den 1980er Jahren; sie trägt selbst wesentlich zu einer erweiterten Auffassung davon bei, was nunmehr alles als ‚Netz/werk' adressiert werden kann.

Dies lässt sich auch in Bezug auf Latours Konzeption von Akteurs-Netzwerken sagen. Auffälligerweise hält sich Latour zwar damit zurück, Gaia ausdrücklich als Netzwerk zu bezeichnen; den Ausdruck gebraucht er allenfalls ironisch für „Aywa, the networky Gaia of the planet Pandora in Cameron's *Avatar*."[67] Diese Zurückhaltung ist sicherlich im Zusammenhang mit dem Umstand zu betrachten, dass Latour mit seinem eigenen Netzwerk-Begriff immer wieder hadert,[68] was nicht zuletzt mit dem eigentümlichen

67 Latour, *Waiting for Gaia*, 9.

68 Vgl. Bruno Latour, „Über den Rückruf der ANT," in *ANThology*, hrsg. v. Andréa Belliger und David J. Krieger (Bielefeld: transcript, 2006), 563; Original: Bruno Latour, „On Recalling ANT," in *Actor Network Theory and After*, hrsg. v. John Law und John Hassard (Oxford: Blackwell Publishers, 1999), 15–25; Bruno Latour, *Eine neue Soziologie für eine neue Gesellschaft: Einführung in die Akteur-Netzwerk-Theorie*, übers. v. Gustav Roßler (Frankfurt am Main: Suhrkamp, 2007), 23; Original: Bruno Latour, *Reassembling the Social: An Introduction to Actor-Network-Theory* (Oxford: Oxford University Press, 2005). Siehe dazu

 Status seines Gegenstands zu tun hat: „Ist es unser Fehler," fragte Latour bereits in *Wir sind nie modern gewesen*, „*wenn die Netze gleichzeitig real wie die Natur, erzählt wie der Diskurs, kollektiv wie die Gesellschaft sind?*"[69] So lässt sich Latours programmatisch angelegte Gaia-Lektüre als ein Versuch verstehen, Lovelocks Theorie als ein kosmologisches Double der ANT zu adaptieren – „a cosmology that is not, I must stress it again, in the least holistic."[70] Vielmehr lobt Latour Lovelocks Theoriesprache dafür, streng reduktionistisch zu sein, reduktionistischer gar als die seiner szientifischen Kritiker:

> Read in this way, Lovelock, far from ‚fighting reductionism,' has unlocked the explanatory power of reductionism. It is just that *no organism can be reduced to its own action!* To be fully reductionist, you need to follow through the other actions that are complicit in its action. In that sense Lovelock is as far as possible from any ‚holistic' thought.[71]

Damit würdigt Latour Lovelocks metaphorisches Sprechen über *Komplizität* (zu lat. *complicare*: verwickeln; worin unschwer das Konzept der Vernetzung im Sinne interdependenter Verbundenheit zu erkennen ist) als eine wissenschaftliche Methode; doch setzt er damit auf raffinierte Weise ‚vollen' Reduktionismus mit ‚flacher' Ontologie gleich. Besteht das Problem der reduktionistischen Kritik an Gaia darin, dass Vertreter der „neoliberal version of neo-Darwinism"[72] Lovelock holistische oder teleologische Spekulationen vorwerfen, weil sie zwischen bestimmenden und reflektierenden Urteilen nicht unterscheiden und letztere als unwissenschaftliche Tatsachenbehauptungen geißeln, scheint Latour nun eine symmetrische Operation zu vollziehen, indem er

auch: Bruno Latour, *Wir sind nie modern gewesen: Versuch einer symmetrischen Anthropologie*, übers. v. Gustav Roßler (Frankfurt am Main: Suhrkamp, 2008), 13 und 119–121.

69 Ebd., 14. Hervorhebungen im Original.

70 Latour, *Why Gaia is Not a God of Totality*, 18.

71 Ebd., 17. Hervorhebung im Original.

72 Ebd., 19.

diesen Unterschied im Begriff des Reduktionismus zugunsten des metaphorischen Sprechens zum Verschwinden bringt. So mag sich herausstellen, dass am Ende nicht Gaia, sondern Latour *the great Trickster* in dieser Sache ist (siehe dazu das Kapitel von Petra Löffler). In jedem Fall steht zu erwarten, dass die Kontroverse darum, wer oder was Gaia sei, weiterhin unaufhörlich zwischen Gegenstandsbezeichnung, Analogiebildung, Reflexionsbegriff und Hypostasierung oszillieren wird.

Bibliografie

Barlow, Connie und Tyler Volk. „Gaia and Evolutionary Biology." *BioScience* 42, Nr. 9 (1992): 686–93.

Blumenberg, Hans. *Paradigmen zu einer Metaphorologie*. Frankfurt am Main: Suhrkamp, 1998.

Blumenberg, Hans. „Anthropologische Annäherung an die Aktualität der Rhetorik." In *Wirklichkeiten, in denen wir leben*, 104–136. Stuttgart: Reclam, 1999.

Böhme, Hartmut. „Gaia. Bilder der Erde von Hesiod bis James Lovelock." In *Bericht 1991 des Kulturwissenschaftlichen Instituts*, herausgegeben von Lutz Niethammer, 195–211. Essen: KWI, 1992.

Böhme, Hartmut. „Netzwerke: Zur Theorie und Geschichte einer Konstruktion." In *Netzwerke: Eine Kulturtechnik der Moderne*, herausgegeben von Jürgen Barkhoff, Hartmut Böhme und Jeanne Riou, 17–36. Köln: Böhlau Verlag, 2004.

Boulding, Kenneth Ewart. „The Economics of the Coming Spaceship Earth." In *Environmental Quality in a Growing Economy*, herausgegeben von Henry Ed Jarrett, 3–14. Baltimore: The Johns Hopkins Press, 1966.

Brand, Stewart. Editorisches Vorwort zu „The Atmosphere as Circulatory System: The Gaia Hypothesis" von Lynn Margulis und James Lovelock. *The CoEvolution Quarterly*, Nr. 6 (Summer 1975): 31.

Buckminster Fuller, Richard. *Operating Manual for Spaceship Earth*. Carbondale: Southern Illinois University Press, 1969.

Canguilhem, Georges. „Aspekte des Vitalismus." In *Die Erkenntnis des Lebens*. Übersetzt von Till Bardoux, Maria Muhle und Francesca Raimondi, 149–181. Berlin: August Verlag, 2009.

Capra, Fritjof. *The Web of Life: A New Scientific Understanding of Living Systems*. New York: Anchor Books, 1996. (Deutsche Ausgabe: Capra, Fritjof. *Lebensnetz: Ein neues Verständnis der lebendigen Welt*. Übersetzt von Michael Schmidt. Bern/München/Wien: Scherz Verlag, 1996).

Capra, Fritjof. *The Tao Of Physics: An Exploration Of the Parallels between Modern Physics and Eastern Mysticism*. Boulder, CO: Shambhala, 1975.

Csermely, Peter. *Weak Links*. Berlin/Heidelberg: Springer, 2009.

Dawkins, Richard. *The Extended Phenotype*. Oxford: Oxford University Press, 2008. (Deutsche Ausgabe: Dawkins, Richard. *Der erweiterte Phänotyp*. Heidelberg: Spektrum Akademischer Verlag, 2010).

Doolittle, W. Ford. „Is Nature Really Motherly?" In *The CoEvolution Quarterly*, Nr. 29 (Spring 1981): 58–63.

Ferguson, Marilyn. *The Aquarian Conspiracy: Personal and Social Transformation in Our Time/in the 1980s*. Los Angeles: J. P. Tarcher, 1980.

Ferguson, Marilyn. *Die sanfte Verschwörung: Persönliche und gesellschaftliche Transformation im Zeitalter des Wassermanns*, mit einem Vorwort von Fritjof Capra. Übersetzt von Thomas Reichenau. München: Droemer Knaur, 1984.

Freud, Sigmund. „Vorlesungen zur Einführung in die Psychoanalyse." In *Studienausgabe*, Bd. 1. Frankfurt am Main: Fischer, 2000.

Friedrich, Alexander. „Metaphorical Anastomoses: The Concept Of ‚Network' and Its Origins in the Nineteenth Century." In *Travelling Concepts For the Study Of Culture*, herausgegeben von Birgit Neumann und Ansgar Nünning, 119–143. Berlin/Boston: Walter de Gruyter, 2012.

Friedrich, Alexander. *Metaphorologie der Vernetzung: Zur Theorie kultureller Leitmetaphern*. Paderborn: Wilhelm Fink, 2015.

Friedrich, Alexander. „Vernetzung als Modell gesellschaftlichen Wandels: Zur Begriffsgeschichte einer historischen Problemkonstellation." In *Die neue Wirklichkeit: Semantische Neuvermessungen und Politik seit den 1970er-Jahren* (Schriften aus dem Max-Planck-Institut für Gesellschaftsforschung 86), herausgegeben von Ariane Leendertz und Wencke Meteling, 35–62. Frankfurt am Main: Campus Verlag, 2016.

George, Henry. *Progress and Poverty*. Garden City, NY: Doubleday, Page & Co., 1912.

Hardin, Garrett. „The Tragedy of the Commons." *Science* 162, Nr. 3859 (1968): 1243–1248.

Hardin, Garrett. „Living on a Lifeboat." *The CoEvolution Quarterly*, Nr. 6 (Summer 1975): 16–23. (Zuerst in: *BioScience* 24, Nr. 10 (1974): 561–568.

Hardin, Garrett. „Nice Guys Finish Last." In *Sociobiology and Human Nature*, herausgegeben von Michael S. Gregory et al. San Francisco: Jossey-Bass, 1978.

Kant, Immanuel. *Kritik der Urteilskraft*. In *Werkausgabe*, Bd. 10, herausgegeben von Wilhelm Weischedel. Frankfurt am Main: Suhrkamp, 1974.

Latour, Bruno. „Über den Rückruf der ANT." In *ANThology*, herausgegeben von Andréa Belliger und David J. Krieger, 561–572. Bielefeld: transcript, 2006. (Original: Latour, Bruno. „On Recalling ANT." In *Actor Network Theory and After*, herausgegeben von John Law und John Hassard. Oxford: Blackwell Publishers, 1999).

Latour, Bruno. *Eine neue Soziologie für eine neue Gesellschaft: Einführung in die Akteur-Netzwerk-Theorie*. Übersetzt von Gustav Roßler. Frankfurt am Main: Suhrkamp, 2007. (Original: Latour, Bruno. *Reassembling the Social: An Introduction to Actor-Network-Theory*. Oxford: Oxford University Press, 2005.

Latour, Bruno. *Wir sind nie modern gewesen: Versuch einer symmetrischen Anthropologie*, Übersetzt von Gustav Roßler. Frankfurt am Main: Suhrkamp, 2008.

Latour, Bruno. „Waiting for Gaia: Composing the Common World through Art and Politics." Vortrag am French Institute, London, 21. November 2011.

Latour, Bruno. „Why Gaia Is Not a God of Totality." *Theory, Culture & Society* (2016), Preprint-Veröffentlichung 22. Juni 2016. Letzter Zugriff 27. Januar 2017. doi:10.1177/0263276416652700.

Lovelock, James. „A Physical Basis for Life Detection Experiments." *Nature* 207, Nr. 4997 (1965): 568–570.

Lovelock, James. „Gaia as Seen through the Atmosphere: Letter to the Editors." *Atmospheric Environment* 6, Nr. 8 (1972): 579–580.

Lovelock, James und Lynn Margulis. „The Atmosphere as Circulatory System: The Gaia Hypothesis." *The CoEvolution Quarterly*, Nr. 6 (Summer 1975): 30–41.

Lovelock, James. *Gaia*. Oxford: Oxford University Press, 1979.

Lovelock, James. *Das Gaia-Prinzip*. Zürich/München: Artemis & Winkler, 1991.

Lovelock, James. Vorwort zu *Sacred Gaia: Holistic Theology and System Science* von Anne Primavesi, xi-xii. London/New York: Routledge, 2000.

Lovelock, James. „Gaia: The Living Earth." *Nature* 426, Nr. 6968 (2003): 769–770.

Lovelock, James. *The Revenge of Gaia: Earth's Climate Crisis and the Fate of Humanity*. New York: Basic Books, 2006.

Lovelock, James und Dian R. Hitchcock. „Life Detection by Atmospheric Analysis." *Icarus* 7 (1967): 149–159.

Lovelock, James und Dian R. Hitchcock. „Detecting Planetary Life from Earth." *Science Journal* (1967): 2–4.

Lovelock, James und Lynn Margulis. „The Atmosphere as Circulatory System: The Gaia Hypothesis." In *Dazzle Gradually*, herausgegeben von Lynn Margulis und Dorion Sagan, 157–170. White River Junction Vt.: Chelsea Green Pub, 2007.

Margulis, Lynn. „Gaia." *Whole Earth Catalog*, 30th Anniversary Celebration (Winter 1998): 4.

Margulis, Lynn. „Jim Lovelock's Gaia." In *The Biosphere and Noosphere Reader*, herausgegeben von Paul R. Samson und David Pitt, 120–131. London/New York: Routledge, 1999.

Pagel, Walter. „William Harvey and the Purpose of Circulation." *Isis* 42 (1951): 22–38.

Radford Ruether, Rosemary. *Gaia & Gott: Eine ökofeministische Theologie der Heilung der Erde*. Übersetzt von Veronika Merz. Luzern: Edition Exodus, 1994.

Smith, Adam. *An Inquiry into the Nature and Causes of the Wealth of Nations*, herausgegeben von Kathryn Sutherland. Oxford: Oxford University Press, 2008.

Stevenson, Adlai Ewing. „Strengthening the International Development Institutions." Speech before the United Nations Economic and Social Council, Geneva, Switzerland, July 9, 1965. Letzter Zugriff 1. Dezember 2017, http://www.adlaitoday.org/article.php?id=6.

Varela, Francisco, Humberto Maturana und Ricardo Uribe. „Autopoiesis: The Organization of Living Systems, Its Characterization and a Model." *Biosystems* 5, Nr. 4 (1974): 187–196.

Ward, Barbara. *Spaceship Earth*. New York: Columbia University Press, 1966.

Wiener, Norbert. *Kybernetik*. Reinbek bei Hamburg: Rowohlt, 1971.

Worden, Lee. „Notes from the Greenhouse World: A Study in Coevolution, Planetary Sustainability, and Community Structure." *Ecological Economics* 69, Nr. 4 (2010): 762–769.

GAIA

BRUNO LATOUR

JAMES LOVELOCK

ÖKOLOGIE

KYBERNETIK

[2]

Das Außen des Innen: Latours Gaia

Florian Sprenger

In seinen sechs Gifford-Lectures zeigt Latour, wie sich mit Hilfe des Gaia-Konzepts die symmetrische, parlamentarische Gesamtheit aller Aktanten erfassen und so die von ihm seit Langem beschriebene dualistische Verfassung der Moderne unterlaufen lässt, wie also, in anderen Worten, Gaia Latours eigene Philosophie widerspiegelt. Der Aufsatz verfolgt die epistemologischen und ontologischen Konsequenzen dieser Annahme einerseits in Hinblick auf den gegenwärtigen Status der Gaia-Hypothese, andererseits bezüglich Latours eigener Theorie.

Seit gut 120 Jahren werden an den vier schottischen Universitäten St. Andrews, Glasgow, Aberdeen und Edinburgh die *Gifford Lectures* gehalten. Gestiftet 1885 von Lord Gifford, haben die Vorlesungen ein hehres, in Giffords Testament formuliertes Ziel: „Promoting, Advancing, Teaching, and Diffusing the study of Natural Theology, in the widest sense of that term, in other words, The Knowledge of God, [...] the Knowledge of the Relations which men and the whole universe bear to Him, [...] and of all Obligations and Duties thence arising."[1] In die illustre Reihe von Vortragenden wie Hannah Arendt, Henri Bergson, Noam Chomsky, Werner Heisenberg, William James, Martha Nussbaum, Carl Sagan, Charles Taylor und Alfred North Whitehead hat sich 2013 der französische Soziologe und Wissenschaftshistoriker Bruno Latour eingereiht. Diesen Rahmen nutzt Latour, um die relationale Kosmologie zu umreißen, an der er seit geraumer Zeit arbeitet. Die Gaia-Theorie tritt in diesen Vorlesungen erstmals systematisch als Latours eigenem Denken verwandt hervor. Zwar hat Latour schon in anderen Kontexten auf das Gaia-Konzept zurückgegriffen, doch in diesem Kontext wird ihre Konvergenz besonders klar.

Der von Lord Gifford gestellten Aufgabe, die *natural theology* zu verbreiten, versucht Latour gerecht zu werden, indem er Gaia als eine Möglichkeit darstellt, zu einer planetarischen, Menschen wie Nicht-Menschen umfassenden Kosmologie zu gelangen. Latours Frage lautet: Wer spricht für die Erde? Wer vertritt ihre Position im globalen Parlament? Die Wissenschaftler, so sagt er, könnten diese Aufgabe übernehmen, aber sie wollten gemäß der modernen Verfassung objektiv sein und versuchten, aus dem Nichts zu sprechen. Die Moderne verbiete ihnen, für den Planeten Position zu beziehen. Im Gaia-Konzept sieht Latour eine Alternative, in der die Erde mit Hilfe der Wissenschaft für sich selbst eintreten und ihre eigene Position behaupten könne.

1 Gifford Lectures, „Lord Adam Gifford's Will," letzter Zugriff 21. Juli 2016, http://www.giffordlectures.org/lord-gifford/will.

In seinen sechs Vorträgen zeigt Latour, wie sich mit Hilfe des Gaia-Konzepts die symmetrische, parlamentarische Gesamtheit aller Aktanten erfassen und so die von ihm seit Langem beschriebene dualistische Verfassung der Moderne unterlaufen lässt, wie also, in anderen Worten, Gaia Latours eigene Philosophie widerspiegelt. Diese Bewegung ist insofern bemerkenswert und hat für einigen Aufruhr gesorgt, als die Gaia-Theorie, trotz der unfraglichen Reputation der beiden Protagonisten Lovelock und Margulis, lange Zeit als metaphysische Projektion globaler Allverbundenheit belächelt wurde, als ein etwas obskures, wissenschaftlichen Kriterien nur marginal genügendes Konzept. Diese Spannung von Hippietum, Esoterik und Science Fiction, von Biologie, Raumfahrt und Kybernetik in den Blick nehmend beschreibt dieses Kapitel im Kontext des vorliegenden Buchs den historischen Ort von Latours Bezug auf die Gaia-Theorie. Das Ziel besteht darin, die Rhetorik Latours auf die Genealogie seiner Konzepte zu beziehen und zu zeigen, warum in diesem theoretischen Kontext die Gaia-Theorie gegenwärtig plausibel wird. Vom gleichen Material ausgehend ergänzt dieser Beitrag daher Petra Löfflers Frage, welche theoretischen Impulse Latours Aufnahme des Gaia-Konzepts geprägt haben und wie sich von dort aus eine relationale Epistemologie neu denken lässt.

Latours Schachzug der Wiedereinführung Gaias verdient aus mehreren Gründen eine nähere Betrachtung und eine Verortung innerhalb der gegenwärtigen Debatten um das Anthropozän: zunächst weil seine Rehabilitation Gaias mit aller rhetorischen Insistenz eine Unzeitgemäßheit für sich in Anspruch nimmt, die er zugleich zur einzig zeitgemäßen Wendung eines den ökologischen Herausforderungen des Anthropozäns angemessenen Denkens erklärt; sodann, weil dieser Rückgriff aus einer wissenshistorischen Perspektive einen Einblick in die von Latour systematisch ausgeblendete Genealogie der Akteur-Netzwerk-Theorie und ihrer Politischen Ökologie aus den historischen

Debatten zwischen Holismus und Mechanismus gibt[2], von denen auch die Gaia-Theorie gerahmt ist; und schließlich, weil in all dem eine epistemologische Frage auf transzendentale Weise reformuliert wird, die spätestens seit den 1960er Jahren für ökologisches Denken zentral ist: die Frage nach dem Außen. Diesen Fragen nach Rhetorik, Genealogie und Epistemologie folgend nehmen meine Überlegungen vor allem die Umgebungskonzepte in den Blick, die in Latours Lesart der Texte von Lovelock und Margulis hervortreten und in dem konvergieren, was ich Epistemologie des Umgebens nennen möchte.

Das Gaia-Konzept soll in Latours Lesart aufgrund der behaupteten organischen Verbundenheit zu einer höheren Einheit führen und aus allen Entitäten auf der Erde *einen* Aktanten machen. Latour erhebt es daher, so kann man das Fazit seiner Vorlesung zusammenfassen, affirmativ zum bestmöglichen Modell für eine über die Politische Ökologie hinausgehende Politische Theologie.[3] In dieser soll statt Gott (als regulativer Transzendenz für die Religion) oder Natur (als regulativer Transzendenz für die Wissenschaft) eben Gaia stehen. Das Gaia-Konzept liefere eine Anleitung, wie man diese Kollektive in globalem Maßstab auf neue Weise beschreiben und ihnen damit im globalen Kampf um politische Vertretung zu ihrem Recht verhelfen könne.[4] In den Worten von Sven Opitz: „Mit der Adaption

2 Diese traditionsreiche Auseinandersetzung kann hier nur äußerst grob skizziert werden. Die Gegenüberstellung von Holismus und Materialismus verfährt dabei notwendigerweise vereinfachend, um die Konturen der heutigen Debatten deutlicher zu markieren.

3 Mit der politischen Dimension der neueren Schriften Latours beschäftigt sich aus soziologischer Sicht ein Themenheft der Zeitschrift *Soziale Welt*, vgl. Lars Gertenbach, Sven Opitz und Ute Tellmann, „Bruno Latours neue politische Soziologie: Über das Desiderat einer Debatte," *Soziale Welt* 67, Nr. 3 (2016).

4 Wie Niels Werber gezeigt hat, ist Latours Entwurf einer Geopolitik mit seinen Anleihen an Carl Schmitt eschatologisch angelegt und läuft auf einen globalen Krieg um Gaia hinaus, der auf einer eindeutigen Unterscheidung in Freund und Feind basiert: die Kollektive auf der einen, die Dissoziierten auf der anderen Seite. „This is why there is some reason to call ‚negationists'

von Lovelocks Modell überträgt er [Latour] in ein und derselben Operation seine relationale Ontologie des Sozialen in das Register eines planetarischen Vitalsystems und gelangt gleichzeitig zu einer Reformulierung des Politischen."[5] Der springende Punkt liegt darin, dass Latour implizit durchspielt, was das Verschwinden des Außen, das in den Apollo-Fotografien der *blue marble* ein ikonisches Bild gefunden hat und mit der ökologischen These der „interconnectedness of everything" theoretisch nobilitiert wurde, für seinen eigenen, allen Aktanten Handlungsmacht zuschreibenden Ansatz bedeutet. Der wissenshistorische Einsatz dieser Überlegungen und der damit verbundenen gegenmodernen „großen Erzählung" bleibt dabei jedoch ungedacht. In einer abschließenden gemeinsamen Betrachtung der drei genannten Ebenen, der rhetorischen, der genealogischen und der epistemologischen, kann dieser Einsatz aufgearbeitet werden, um den Anspruch dieser Neubestimmung einer dualismenfreien Welt zu umreißen und zugleich auf einige der Evidenzen hinzuweisen, welche die Gaia-Theorie heute auch in anderen Kontexten plausibel machen.

those who, having denied Gaia's sensitivity, listen to the call of the Devil, that Faustian character who says: ‚I am the Spirit of always saying No.'" (Bruno Latour, „Gifford-Lectures: Facing Gaia – Six Lectures on the Political Theology of Nature", letzter Zugriff 9. Dezember 2017, http://www.bruno-latour.fr/sites/default/files/downloads/GIFFORD-ASSEMBLED.pdf, 96.) Indem Latour, so Werber, auf diese Weise opponierende Seiten gegenüberstellt, kann er zugleich mit dem Vokabular Schmitts eine Entscheidungsschlacht ausrufen, die das Schicksal der Erde bestimmen soll. Latour sieht, so Werber, eine dezisionistische Entscheidung bevorstehen, in deren Kontext er selbst als jene Instanz auftritt, die andere zum Widerstand aufruft, die Entscheidung herbeiführt und so selbst zur historischen Macht wird. (Vgl. Niels Werber, „Gaias Geopolitik," *Merkur* 69, Nr. 5 (2015).) Insofern Latour die Gaia-Theorie und das Anthropozän mit Schmitts Unterscheidung von Freund und Feind überkreuzt, den Freunden Gaias also die Feinde Gaias gegenüberstellt, verabsolutiert er das Konzept. Es gibt entsprechend keine Alternative mehr. Schon das Nachdenken über eine solche wird zum feindlichen Akt, der wiederum mit Latours Katholizismus ausgetrieben werden soll.

5 Sven Opitz, „Neue Kollektivitäten: Das Kosmopolitische bei Bruno Latour und Ulrich Beck," *Soziale Welt* 67, Nr. 3 (2016), 257.

Rhetorik der Handlungsmacht

Latour führt die Gaia-Theorie als eine neue Option in einer festgefahrenen Situation ein, in welcher, gemäß der in Latours Buch *Das Parlament der Dinge* entworfenen Verfassung, eine den globalen ökologischen Herausforderungen angemessene Politik darin besteht, nicht mehr nur menschliche Wählergruppen, sondern auch Kollektive nicht-menschlicher Aktanten zu vertreten, die selbst keine Stimme haben. Da aus Latours Sicht weder die Religion noch die Wissenschaft eine Stellvertretung darstellen, die allen Aktanten eine gleichberechtigte politische Rolle geben würde, brauche es neue Instanzen, die es erlauben, die heute nötige Ausweitung von Handlungsmacht zu repräsentieren. Im Gaia-Konzept sieht Latour eine solche Instanz.

Gaia manifestiert, wie Latour in einem früheren Manuskript zu seinem Vortrag schreibt, als „entity that is composed of multiple, reciprocally linked, but ungoverned selfadvancing processes“[6] für Latour die Verteilung von Handlungsmacht an alle Aktanten auf dem Planeten und kann deshalb als eine solche regulative Instanz dienen.

> It means not that Gaia possesses some sort of „great sensitive soul,“ but that the concept of Gaia captures the distributed intentionality of all the agents, each of which modifies its surroundings for its own purposes. The concept of Gaia captures the distributed intentionality of all the

6 Die hier zitierte Version der Vorlesung vom 10.3.2013 ist nicht mehr online zu finden. Zwar bemerkt Latour dort, dass diese Version nur zur Diskussion und nicht zum Zitieren gedacht sei, doch scheint es an dieser Stelle sinnvoll, aufgrund dieser Rhetorik auf das zunächst auf der Homepage der Gifford-Lectures veröffentliche Manuskript zurückzugreifen. Vgl. Bruno Latour, „Facing Gaia: Six Lectures on the Political Theology of Nature," Version 10.3.2013, S. 8.

> agents that are modifying their surroundings to suit them better.[7]

Das Konzept unterläuft, analog zu Latours früheren Überlegungen und deshalb so gut zu ihnen passend, die moderne Trennung der Welt, da es weder in handelnd und nicht handelnd, noch in innen und außen scheidet. Eben darin überschneidet sich die Ökologie Lovelocks und Margulis mit der Latours.

In seiner ersten Vorlesung macht Latour deutlich, dass der häufig vorgebrachte Vorwurf, das Gaia-Konzept fördere eine Subjektivierung oder metaphysische Überhöhung der Natur, nur Sinn macht vor dem Hintergrund einer an sich schon problematischen Aufteilung der Welt in handelnde und nicht-handelnde Wesen. Der Anthropomorphismus, dem man mit Gaia entgehen könne, schreibe allein Menschen Handlungsmacht zu und lasse alles andere nur als passive Objekte gelten. Gaia sei keines von beidem, sondern vielmehr ein globales Kollektiv aller Wesen, die in diesem Zusammenschluss als gleichrangig ernst genommen würden. Doch dies ist nur der erste Schritt von Latours Aneignung der Gaia-Theorie.

Latour zeigt, dass die gängige, vom wissenschaftlichen Establishment geäußerte Kritik, das Gaia-Konzept subjektiviere unter dem Namen der antiken Urmutter die Natur zu einer handelnden Entität, die aus ihren Einzelteilen nicht zu erklären und daher metaphysisch sei, nur zum Teil zutrifft. Zwar beschreibe Lovelock Gaia mit der viel kritisierten Metapher einer Mutter und in einer starken Fassung werde Gaia selbst Lebendigkeit zugesprochen, was, so Latour, der wissenschaftlichen Rezeption überaus hinderlich gewesen sei. Doch basiere diese vom drohenden Kollaps des Planeten herausgeforderte Rhetorik auf einer ökologischen Verkettung von Faktoren, denn als Entität sei Gaia das Resultat der Prozesse ihrer Bestandteile und keinesfalls

7 Bruno Latour, *Facing Gaia: Eight Lectures on the new Climatic Regime* (Cambridge: Polity Press, 2017), 98.

 unabhängig von ihnen. Darin ist Gaia, dies ist der Clou Lovelocks, weder reduktionistisch noch holistisch, sondern emergent: es handele sich um eine „hypothetical entity with properties that could not be predicted from the sum of its parts."[8] Gaia ist demnach keine übergeordnete Instanz, sondern als Summe ihrer Teile ein Ganzes. Von diesem Ganzen her zu denken ist Lovelocks Ansatz, der Fragen nach Innen und Außen, nach Umgebenem und Umgebendem nahelegt. Zugrunde liegen dieser Annahme die von Barry Commoner in eine populäre Fassung gebrachten zentralen ökologischen Prämissen der Verbundenheit von allem mit allem und der Emergenz, die aus dieser Verbundenheit entstehe.[9] Diese ökologische Verkettung von Faktoren lässt kein Subjekt-Objekt-Schema mehr zu, und daran kann Latours Denken der Kollektive anschließen. Die aus der Gegenüberstellung von Subjekt und Objekt folgenden Dualismen haben Latour zufolge in die ökologische Katastrophe geführt. Alle Aktanten und Aktionen seien hingegen in der planetarischen Ökologie Gaias, einer globalen Organisation aller organischen und anorganischen Vorgänge, so miteinander verknüpft, dass die resultierenden Rückkopplungen als „waves of action"[10] die Möglichkeit der Zuschreibung von Handlungsmacht an einzelne Aktanten überschreiten und sich damit außerhalb des Binarismus bewegen. Den Begriff des Aktanten führt Latour ein, um ohne Anthropomorphismus das zu beschreiben, was die Macht hat, auf andere Aktanten zu wirken. Gaia kann in Latours Lesart in diesem Sinne nur als systemische Einheit verstanden werden, nicht aber als intentionales Subjekt oder passives Objekt, weil im globalen Maßstab alles so eng verschränkt sei, dass jede einzelne Veränderung auf alle anderen zurückwirke.

8 James Lovelock und Lynn Margulis, „Atmospheric Homeostasis by and for the Biosphere: The Gaia Hypothesis," *Tellus: Series A* 26, Nr. 1–2 (1974): 3.

9 Vgl. Barry Commoner, *The Closing Circle: Confronting the Environmental Crisis* (New York: Knopf, 1971).

10 Latour, *Facing Gaia*, 101.

Zentral ist dabei der Gedanke, dass Gaia aus einer auf radikale Weise globalisierten und umfassenden Handlungsmacht zusammengesetzt ist: „What begs for an explanation is not the extension of intentionality to non-humans, but rather how it is that some humans have *withdrawn* intentionality from the living world imagining that they were playing on the planks of an inanimate stage. The enigma is not that there are people still believe [sic] in animism, but the persistence of belief in inanimism."[11] Mit dem angedeuteten Animismus, der Beseelung der Dinge und der Aushebelung der Grenze zwischen Menschen und Nicht-Menschen sucht Latour nach einem Konzept von Handlungsmacht, das dem Anthropozän angemessen ist. In diesem Zeitalter sei eine Konzeption von Handlungsmacht nötig, die nicht einfach ein Subjekt einer objekthaften und verfügbaren Welt gegenüberstelle, sondern die Verflechtung aller Handlungen berücksichtige.

Latour insistiert darauf, dass Gaia keine teleologische Personifizierung einer zusätzlichen Kraft sei, sondern allein auf die rückgekoppelten Prozesse ihrer Bestandteile zurückzuführen wäre: „My Gaia – which is, of course, Lovelock's Gaia – indicates a non-global, a non-total vision."[12] Latour unterstreicht die Metaphorizität Gaias und zählt Lovelocks Versuche auf, mit dieser metaphorischen Dimension umzugehen, ohne Gaia zu einer von der Zusammensetzung ihrer Teile unabhängigen Entität

11 Bruno Latour, „Gifford-Lectures: Facing Gaia – Six Lectures on the Political-Theology of Nature," letzter Zugriff 9. Dezember 2017, http://www.brunolatour.fr/sites/default/files/downloads/GIFFORD-ASSEMBLED.pdf, 66. In der publizierten Version referiert Latour hier auf Eduardo Viveiros de Castro und schreibt: „Although the official philosophy of science takes the second movement of deanimation as the only important and rational one, the opposite is true: animation is the essential phenomenon; and deanimation is the superficial, auxiliary, polemical, and often defensive phenomenon." Bruno Latour, *Facing Gaia*, 70.

12 Lars Gertenbach, Sven Opitz und Ute Tellmann, „'There is No Earth corresponding to the Globe': An Interview with Bruno Latour," *Soziale Welt* 67, Nr. 3 (2016), 353.

zu erklären.[13] Den Vorwurf einer metaphysischen Überhöhung sieht er damit entkräftet und den Holismus Gaias vielmehr auf eine ökologische Fassung des Verhältnisses von Teil und Ganzem zurückgeführt. „For Lovelock the ‚collection' is never collected by anything more than the process by which the organisms themselves are intertwined, on the condition you find a way to follow the collecting process."[14] Oder, um Lovelock zu zitieren, der sich hier explizit auf die Kybernetik bezieht, die Latour ablehnt: „The key to understanding cybernetic systems is that, like life itself, they are always more than the mere assembly of constituent parts. They can only be considered and understood as operating systems."[15] Die Gaia-Theorie ist jedoch, anders als dieses Zitat nahelegt, in ihren kybernetischen Anleihen sowohl als Alternative zu mechanistischen Ansätzen, die alles auf Einzelteile zurückführen, als auch zu holistischen Ansätzen gedacht, für die das Ganze mehr als die Summe seiner Teile bildet und damit wichtiger als die Teile ist. Der kybernetisch-systemtheoretische Hintergrund der Theorie erklärt den Versuch Lovelocks, sich von diesen unbefriedigenden Optionen, das Verhältnis von Teil und Ganzem zu denken, zu verabschieden und im systemischen Gefüge von Rückkopplungen, Feedbackschleifen und Rekurrenzen eine Erklärung für die Organisation des erweiterten Ganzen zu suchen – eines Ganzen, das, wie Latour unterstreicht, aus *organism* und *environment* besteht.

Doch um den historischen Ort zu bestimmen, der diese Situierung gegen Holismus und gegen Mechanismus ermöglicht, wäre es nötig, das Gaia-Konzept auf die Geschichten der

13 Bruno Latour, „Why Gaia is Not a God of Totality," *Theory, Culture & Society* (2016), Preprint-Veröffentlichung 22. Juni 2016, letzter Zugriff 22. August 2017, 10.

14 Bruno Latour, „How to Make Sure Gaia is Not a God of Totality?" Letzter Zugriff 27. Dezember 2015, http://www.bruno-latour.fr/sites/default/files/138-THOUSAND-NAMES.pdf, 7.

15 James Lovelock, *Gaia: A New Look at Life on Earth* (Oxford: Oxford University Press, 1979), 52.

Kybernetik wie der Ökologie zu beziehen. Eben diese Perspektiven weist Latour jedoch zurück:

> This is also the limit of cybernetic interpretations of Gaia, which have simultaneously to pursue the technical metaphor – but then lose the specificity of Lovelock's argument – or slowly modify the metaphor – but then lose any precise connection with cybernetics taken as a science.[16]

Die kybernetischen Metaphern, von denen Latour spricht, stellen sich bei genauerem Blick auf die Geschichte des Gaia-Konzepts als alles andere als metaphorisch heraus. Latour wertet diese vermeintlichen Metaphern als unpassend ab, so dass in seiner Lesart die historische und systematische Verortung des Gaia-Konzepts übersprungen wird. Er geht sogar so weit, die Gaia-Hypothese in einen Kampf gegen die Kybernetik zu verwickeln: „Without Margulis, it is probable that the Gaia hypothesis would not have been able to combat the cybernetic metaphor effectively."[17]

Mit seiner Interpretation Gaias dockt Latour an die Charakterisierung der Moderne an, die er 1991 in *Wir sind nie modern gewesen* begonnen hat. Sie sei durch einen strikten Dualismus gekennzeichnet, der ihre Aufteilung der Welt konstituiere und sie damit von anderen Zeiten und Kulturen abhebe. Die modernen Wissenschaften, Techniken, Philosophien und Künste unterschieden in „vollkommen getrennte ontologische Zonen"[18] zwischen Menschen mit Handlungsmacht und Nicht-Menschen ohne Handlungsmacht, zwischen Kultur und Natur, zwischen Subjekten und Objekten, aktiven Aktanten und passiven Nicht-Aktanten. Die grundlegende Behauptung der Moderne laute, so Latour, Wissenschaft und Gesellschaft seien durch den unüberbrückbaren Graben der Asymmetrie getrennt. Die tote Welt der Dinge werde der sozialen und moralischen Welt des

16 Latour, *Facing Gaia*, 96.

17 Ebd., 105.

18 Bruno Latour, *Wir sind nie modern gewesen: Versuch einer symmetrischen Anthropologie* (Frankfurt am Main: Fischer, 1998), 19.

Menschen gegenübergesetzt. Diese Aufteilung der Welt verhindere jedoch, und hier setzt Latours Alternative ein, all jene hybriden Verkettungen zu erkennen, die unsere Welt durchziehen. Die Moderne produziert Latours Überlegungen zufolge beständig Objekte, die in ihrer dualistischen Verfassung nicht aufgehen. Eben deshalb könne Gaia der Moderne nur als irrational erscheinen. Ihr Animismus, der alle Aktanten beseele, könne nach Maßgabe der modernen Verfassung nur ausgegrenzt werden. Die moderne Wissenschaft verdecke die Hälfte des Universums, spreche allein der einen Seite des Dualismus Bedeutung zu und müsse durch eine Betrachtung von Kollektiven, Netzwerken und Übersetzungsketten ersetzt werden, die solche Dualismen immer schon hintergehen. Denn die Moderne sei parallel zum Ideal ihrer Asymmetrie von einer widerläufigen Tendenz durchzogen, die ihre Unterscheidungen brüchig werden lasse: Wissenschaft, Technik, Philosophie und Kunst bringen demnach, ohne es zu merken und durch ihre Aufräumarbeit, beständig „Quasi-Objekte" oder „Hybride" hervor, die sich in der dualistischen Verfassung nicht unterbringen lassen. Sie seien weder Subjekt noch Objekt, weder Gesellschaft noch Natur, sondern vielmehr Verknüpfungen von menschlichen und nicht-menschlichen Aktanten. Ein typischer Hybrid, auf den Latour häufig zu sprechen kommt, ist die Klimaerwärmung, die aus technischen und sozialen Faktoren zusammengesetzt sei und aus einer Verkettung von wissenschaftlichen Instrumenten, Computersimulationen, Luftfeuchtigkeit, Wolken und wissenschaftlichen Konferenzen bestehe, also alles andere als eine einfache Tatsache über die Natur ausmache. Dualistischem Denken sei die Komplexität solcher Hybride unzugänglich.

Eine symmetrische Beschreibung von Kollektiven oder Netzwerken, wie sie Latour vorschwebt, soll unterschiedlich gelagerte Faktoren auf eine Ebene bringen. Dafür wiederum bietet sich das Vokabular der Ökologie an. Ein Kollektiv oder Netzwerk, in dem Handlungsmacht zwischen Aktanten verteilt sei, sei einer „politischen Ökologie" und ihrem Begriffsinstrumentarium zugänglich, welches der geforderten „symmetrischen Anthropologie" der Moderne gerecht werde. Ihr stellen die jüngsten Überlegungen Latours einen Ansatz zur Seite, den man „symmetrische Kosmologie" nennen könnte. Sie will Menschen und Nicht-Menschen gleichrangig, das heißt symmetrisch behandeln. Die politische Ökologie vermag die vielfältigen und irreduziblen Verkettungen zu bestimmen, aus denen ein Kollektiv zusammengesetzt ist. Beide sind darin zutiefst mit den genannten, aber durchaus umstrittenen Prämissen der Ökologie verwandt: der Verbundenheit und der Emergenz. Versteht man Politik daher als rein gesellschaftliche, nur auf der kulturellen Seite der Unterscheidung operierende Angelegenheit, überlässt man die Natur allein einer Wissenschaft, die keine Rechenschaft von der Vielfalt und Hybridität ihrer Gegenstände abzulegen weiß, weil sie ihren Gegenstand als radikal von der Gesellschaft getrennte universale Kategorie bestimmt. Für eine dualistische Verfassung, die auf die von Latour identifizierte Weise Soziales und Natürliches trennt, bleibt ein Hybrid wie die Klimaerwärmung unfassbar. Eben darin liegt die Brisanz, die Latour seinen Überlegungen gibt: Erst eine politische Ökologie und eine symmetrische Anthropologie können die gegenwärtigen, von der Moderne ausgelösten Probleme lösen.

In diesem Anspruch ist zugleich ein zentraler Widerspruch von Latours Argumentation angelegt. Er fordert auf einer politischen Ebene die Kollektivierung nach dem Vorbild Gaias, die er auf einer ontologischen Ebene bereits voraussetzt, indem er den Planeten als Gaia beschreibt. In anderen Worten: Die symmetrische Verteilung von Handlungsmacht sei in einer Gaia-Welt schon vorhanden, soll aber zugleich erst in der Revolution des Denkens hergestellt werden, an deren Speerspitze Latour sich selbst verortet. Dieses Denken hat eine Gleichrangigkeit aller Aktanten und eine Symmetrie von Dualismen zur Voraussetzung, die zugleich als zu erreichendes politisches Ziel gefordert werden. Dieser Zirkel einer gleichzeitigen Formulierung von Voraussetzung und Ziel, der vielleicht weniger eine theoretische

Inkonsistenz als eine rhetorische Strategie darstellt, macht Latours eigene Positionierung überaus vage: Er kann sich, je nach Situation, auf die eine oder die andere Seite stellen und entweder die ontologische Verbundenheit der bereits vorhandenen Symmetrie von Menschen und Nicht-Menschen verkünden, oder aber die Revolution gegen die zu überwindende Asymmetrie fordern, die in seinem eigenen Werk entworfen wird. Dieser Kniff erlaubt es ihm, einerseits Kritikern seiner symmetrischen Anthropologie entgegenzuhalten, sie würden, ohne es zu ahnen, schon in einer symmetrischen Welt leben, und andererseits mit der politischen Forderung nach einer Symmetrisierung ein zu erreichendes Idealbild der Welt in Anschlag zu bringen, dem vor allem seine eigene Philosophie gerecht werde. Diese auch in anderen Schriften Latours hervorstechende Rhetorik dient der Immunisierung von Latours Position. Charakteristischerweise kann seine Rhetorik je nach Kontext als Zuspitzung einer Utopie, als gegenwärtige Lagebeschreibung oder als Handlungsanleitung gelesen werden.

Epistemologien des Umgebens

Die Entstehungsszene der Gaia-Theorie beschreibt Latour als Parallele zur kopernikanischen Wende, die im Blick des Astronomen durch das Fernrohr ikonischen Status erlangt hat. Während Kopernikus' und Galileis Blicke von der Erde ins All nach anderen Planeten suchen, ist Lovelocks Blick aus dem Jet Propulsion Laboratory in Pasadena auf die Einmaligkeit der Erde zurückgeworfen. Im Auftrag der NASA untersucht Lovelock die Bewohnbarkeit des Mars und findet mit den Methoden der Spektralanalyse in dessen Atmosphäre keine Zusammensetzung, die den Schluss auf organisches Leben zulasse. Der Blick nach Außen isoliert Ende der 1960er Jahre nicht nur bei Lovelock das Innen auf neue Weise. In diesem Sinne dreht Latour den Titel von Alexandre Koyrés berühmten Buch über die neuzeitliche Wissenschaft um: Aus *Von der geschlossenen Welt zum unendlichen Universum* wird *Vom unendlichen Universum zur geschlossenen Welt*. Mit Kopernikus' bzw. Galileis Blick ins Außen beginnt die

Moderne und mit Lovelocks Blick ins Innen, welches ein neues Außen umhüllt, soll die Moderne wieder enden. Was bislang als Planet im All erschien, als Innen, das vom Außen des Universums umgeben war, erscheint nun nicht als isolierte Insel, sondern als Innen und Außen in einem – die Gaia-Theorie manifestiert für Latour diese Erkenntnis. Mit dem Blick von außen wird im Kontext der Wissensgeschichte der Ökologie deutlich, dass auf der Erde Organismen und *environments* derart ökologisch verschränkt sind, dass Umgebenes und Umgebendes nur noch zusammen gedacht werden können.

Das Verschwinden des Außen und das Unterlaufen der modernen Dualismen sind für Latour zwei aufeinander aufbauende Schritte eines Projekts. In der Frage nach dem Außen und seinem Verschwinden liegt mithin ein Schlüssel zum Verständnis dessen, was mit der Gaia-Theorie für Latour auf dem Spiel steht. Denn sie verhandelt nicht zuletzt die Frage, ob es ein *environment* des *environments* geben kann, ob also die Umgebungen auf dem Planeten noch von einem Außen bedingt werden oder nicht vielmehr selbst in ihren Abhängigkeiten voneinander und ohne übergeordnete Instanz gedacht werden müssen. Aus dieser Epistemologie des Umgebens heraus stellt die Gaia-Theorie die Frage nach der Exteriorität auf neue Weise. Die Erdatmosphäre, ein Produkt der Wechselwirkung von Organismen und ihren *environments*, wirkt Lovelock zufolge als Puffer, der das Innen innen hält und gegen das Außen des Weltalls abschirmt, aus dem zwar Energie in Form von Licht kommt, in dem aber sonst nur der Tod lauert. Die durch negatives, ausgleichendes Feedback und Homöostase erzeugte Umgebung nennen Lovelock und Margulis in Anspielung auf Claude Bernard auch *le milieu extérieur*[19]. Diesem gegenüber stehen nicht nur die umgebenden Organismen, sondern auch das von Bernard Ende des 19. Jahrhunderts benannte *milieu intérieur*, also die durch die

19 James E. Lovelock und Lynn Margulis, „Biological Modulation of the Earth's Atmosphere," *Icarus* 21 (1974): 471.

Organisation ihrer Lebensprozesse gebildete Stabilität, die jeden Organismus von der Außenwelt scheidet.[20] Eben diese Verdreifachung der Instanzen – Organismus, *milieu intérieur, milieu extérieur* – spielen Lovelock und Margulis auf eine neue Weise durch. Als spezifische Epistemologie des Umgebens tritt diese Konstellation bei Latour erneut hervor. Von entscheidender Bedeutung ist dabei für Latour, dass die Erde von Lovelock als singulär gedacht wird: Sie steht nicht in biologischer Konkurrenz mit etwas anderem und sie umgibt nichts. Gaia ist kein einzelner Organismus, weil sich kein Organismus allein von seinen eigenen Produkten und Abfällen ernähren kann, sondern zu diesem Zweck ein *environment* braucht. Gaia erscheint bei Lovelock als beides: *organism* und *environment*, und als *environment* ist Gaia zugleich Innen und Außen. Gaia umgibt nichts, weil Gaia Umgebendes und Umgebenes in einem ist.

Die Aufhebung des Außen wird bei Latour, der seine Quellen und Einflüsse nicht immer in aller Deutlichkeit kennzeichnet, wohl aber um seinen eigenen historischen Ort weiß, zu einem weiteren Schritt einer möglichen Ablösung von der Moderne. Für Latour besteht die Dimension dieser Aufhebung weniger darin, das Außen neu zu denken, um das Innen genauer zu bestimmen, als vielmehr darin, dass für eine politische Ökologie das Außen des Umgebenden – und sei es ein „environnement non-humain"[21] – nicht mehr durch die Unterscheidung vom Innen abgeleitet werden kann, sondern inkludiert werden muss. Das bedeutet, dass für Latour die Aufhebung des Außen eine Kosmologie impliziert, die mit dem Ort des Beobachters die Bedingungen des Wissens und mit der Durchstreichung von Dualismen die Klasse der Aktanten reformuliert. Zu dem historischen Zeitpunkt, zu dem das *environment* nicht mehr als etwas Externes und Abgeschlossenes, sondern in wechselseitiger Beeinflussung mit

20 Vgl. Claude Bernard, *Leçons sur les phénomènes de la vie communs aux animaux et aux végétaux* (Paris: Baillière, 1878).

21 Bruno Latour, *Nous n'avons jamais été modernes: Essai d'anthropologie symétrique* (Paris: La Découverte, 1991), 104.

dem Umgebenden gedacht wurde – also mit dem Aufstieg der Ökologie zum Modell der Welterklärung seit den 1960er Jahren –, verschwand, so Latour, zugleich die Unterscheidung in Innen und Außen und verschob sich die Rolle des Beobachters. Im Glossar zu *Politics of Nature* wird Latour 2004 dahingehend besonders deutlich. Dort definiert er den Begriff *environment* wie folgt und gibt zugleich einen Hinweis auf seine historische Rolle: „The concern that one can have for it appears with the disappearance of the environment as what is external to human behavior; it is the externalized whole of precisely what one can neither expel to the outside as a discharge nor keep as a reserve."[22] Der Mensch könne aufgrund seiner Abhängigkeit vom *environment* nicht mehr als etwas außerhalb davon gedacht werden. Die Umgebung des *environments* wird von Latour konsequenterweise nicht mehr getrennt von dem, was sie umgibt.

Damit rekurriert Latour auf ein zentrales Motiv der Gaia-Theorie: *Organisms* sind bei Lovelock und Margulis nicht einseitig vom *environment* abhängig, sondern transformieren dieses mit allen ihren Prozessen: „On earth the environment has been made and monitored by life as much as life has been made and influenced by the environment."[23] Weil *environment* und *organism* auf diese Weise nur gemeinsam verstanden werden können, gibt es kein *environment*, das sich so weit außerhalb befindet, dass es unabhängig vom Umgebenen sei. Dies zu Ende gedacht zu haben ist, so Latour, das große Verdienst des Gaia-Konzepts: Gaia sei das, was aus *organism* und *environment* in ihrer Rückkopplung entstehe, wenn *organism* und *environment* beide in globalen Maßstäben gefasst werden: „the emergent property of interaction among organisms."[24] In diesem Sinne radikalisieren

22 Bruno Latour, *Politics of Nature* (Cambridge: Harvard University Press, 2004), 241.

23 Lynn Margulis und Dorion Sagan, *Microcosmos: Four Billion Years of Evolution from Our Microbial Ancestors* (New York: Harper, 1987), 265.

24 Lynn Margulis, *Symbiotic Planet: A New Look at Evolution* (New York: Basic Books, 1998), 119.

Lovelock und Margulis die im Ökosystem-Begriff angelegten Rückkopplungen, weil sie nicht vereinzelt und isoliert ablaufen, sondern in globaler Sicht zusammengedacht werden: Alles, was auf der Erde geschieht, hängt notwendig zusammen, *everything is interconnected*, was, wie Alexander Friedrichs Beitrag zeigt, besonders in der *counterculture* auf fruchtbaren Boden fällt.

Entsprechend ist es konsequent von Latours Fortschreibung der Gaia-Hypothese zu versuchen, das Außerhalb und damit das *environment* zu streichen. „Being alive means not only adapting to but also modifying one's surroundings, or, to use Julius Von Uexküll's [sic] famous expression, there exists no general *Umwelt* (a term to which we will have to return) that could encompass the *Umwelt* of each organism."[25] Weil sich nicht sagen lässt, welches *environment* ein *organism* beeinflusst, gibt es kein generelles, sondern viele einzelne *environments*, die aber gemeinsam ein komplexes *environment* bilden – und eben diese Stelle nimmt bei Latour Gaia ein. Mit der Streichung der Innen-/Außen-Differenz im Gaia-Konzept wird der verbleibende, unmarkierte Raum der Biosphäre zum *environment* und das Weltall gänzlich von der Erde isoliert.

Wenn in den 1960er Jahren mit der Apollo-Mission und dem *environmentalism*, mit den Environments der Kunst, neuen Architekturen des Umhüllens und natürlich mit Gaia das globale Außen verschwindet und das *environment* wie die Umgebungen von *milieus* und *Umwelten* ihr Außen verlieren, weil das äußere Außen des Weltalls abgetrennt wird und nur das Außen der Biosphäre durch seine Abhängigkeit vom Innen besteht, muss auch die Rolle des Beobachters neu bestimmt werden. Wenn es keinen herausgehobenen, distanzierten, externen, exklusiven Standort

25 Latour, „Gifford Lectures," 66. Zwar führt der zitierte, von Latour konsequent falsch geschriebene Uexküll in der Tat die Vielfalt an Umwelten nicht auf eine generelle Umwelt zurück, doch sieht er dahinter, konträr zu Latour, das „Eine, das allen Umwelten für ewig verschlossen bleibt." Jakob von Uexküll und Georg Kriszat, *Streifzüge durch die Umwelten von Tieren und Menschen* (Berlin: Springer, 1934), 103.

der Kritik mehr gibt, weil der Beobachter kein Außen mehr erreichen kann, dann leidet auch seine Unterscheidungsfähigkeit, der ein äußerer Maßstab fehlt. Latours Ansatz der Akteur-Netzwerk-Theorie kann selbst als Effekt dieser historischen Bewegung verstanden werden, weil im Zuge dieser Entwicklung lokale Netzwerke in den Fokus der Aufmerksamkeit treten und die Position eines übergeordneten Beobachters universeller Strukturen an Boden verliert.

Von einem externen Standpunkt, gleichsam aus dem Weltall urteilende Kritik bleibt – so setzt Latour in den Vorlesungen seine Kritik an der Figur des Kritikers fort[26] – der Trennung in ein Innen und ein Außen verpflichtet. Mit einer solchen Trennung wird sowohl die Involviertheit des Kritikers in das Kritisierte als auch die Bedeutung des Außen für das Innen negiert. Eine solche Kritik, die sich auf einer den kritisierten Unterscheidungen übergeordneten Ebene verortet, kann, so Latour, ihre eigene Rolle für die Unterscheidungen nicht mehr in den Blick bekommen. Gerade für die Aufgaben, welche die Zerstörung des *environments* stellt, ist eine kritische Perspektive also hinderlich. Latours politische Ökologie ist in diesem Sinne mit einer Verabschiedung des modernen Rollenbilds des Kritikers verbunden, der Außen vom Innen unterscheiden kann und damit die Asymmetrie absichert.

Die von Latour angestrebte politische Ökologie benötigt daher die in den 1960er Jahren mit dem Begriff *environment* verbundene Epistemologie des Umgebens zur Erklärung der Wechselwirkungen, Verkettungen sowie Vernetzungen von Aktanten. Sie kann Umgebungen nicht mehr als unabhängig und abgegrenzt ansehen. Latour drückt es 40 Jahre nach Lovelock wie folgt aus:

> The inside and outside of all borders are subverted. Not because everything is connected in a "great chain of

26 Vgl. Bruno Latour, *Elend der Kritik: Vom Krieg um Fakten zu Dingen von Belang* (Zürich, Berlin: Diaphanes, 2007).

> being"; not because there is some global plan that orders the concatenation of agents; but because the interaction between a neighbor who is actively manipulating his neighbors and all the others who are manipulating the first one defines what could be called waves of action, which respect no borders and, even more importantly, never respect any fixed scale.[27]

Die Isolierung des *organism* vom *environment*, die Lovelock an der Naturwissenschaft seiner Zeit kritisiert, kann diesem Gedanken zufolge nicht aufrecht erhalten bleiben. Damit bildet, wie Latour hervorhebt, das Gaia-Konzept eine Alternative zum klassischen Naturbegriff, der die Natur (analog zu Gott in der Religion) als außerhalb, universal, unveränderlich und unwiderlegbar charakterisiert habe. Und damit kann Gaia, wie nun gezeigt werden soll, als Umgebung des Inneren im Inneren, als Manifestation von Umgebendem wie Umgebenem zugleich, zur Grundlage einer neuen politischen Theologie werden, die man auch „theologische Ökologie" nennen könnte.

Onto-Ökologien

In dieser Hinsicht hat der Begriff des *environments* in den Arbeiten Latours eine doppelte Funktion, aus der sich auch der Status des Gaia-Konzepts herleiten lässt. Der Begriff steht einerseits für eine ökologische Kausalität der Verbundenheit außerhalb der Linearität und soll andererseits die angesichts der globalen Bedrohungen prekär erscheinende dualistische Aufteilung der Welt in Natur und Kultur oder Menschliches und Nicht-Menschliches unterlaufen. Darin bildet er die begriffliche Grundlage von dem, was ich – komplementär zu den Epistemologien des Umgebens – Onto-Ökologie nennen möchte. Darunter verstehe ich Ökologien, die nicht bei der Beschreibung biologischer Sachverhalte stehen bleiben, sondern einerseits die Ökologie zu einem

27 Latour, *Facing Gaia*, 101.

Modus des Denkens von Verknüpfungen und Verbundenheiten erheben und diese Relationalität andererseits zu einer Ontologie erklären – im Fall Latours zu einer symmetrischen und ökologischen Kosmologie. Ihre Grundlagen beschreibt Latour wie folgt: „Das Ziel des Spiels besteht nicht darin, Subjektivität auf Dinge zu übertragen oder Menschen als Objekte zu behandeln oder Maschinen als soziale Aktanten zu betrachten, sondern die Subjekt-Objekt-Dichotomie *ganz zu umgehen* und stattdessen von der Verflechtung von Menschen und nicht-menschlichen Wesen auszugehen."[28]

Latours onto-ökologischer Ansatz ist ein besonders prominentes Beispiel für die Forderung, dass das *environment* weniger auf der Seite der Natur stehen soll, um sie vor dem Zugriff der Kultur und der Technik zu schützen, sondern die Beachtung von *environments* jene ontologische Aufteilung aufheben könne, in deren Folge die Ausbeutung der Natur folgenlos für die Kultur auf der anderen Seite der Unterscheidung oder die Materie dem Geist untergeordnet erschien. Der Anthropo- und Eurozentrismus der Moderne sollen verschoben oder gar durchgestrichen werden. Ihre Konstitution verhindere, so hat Latour immer wieder ausgeführt, genuin ökologisches Denken. Seine politische Ökologie stellt er als Antwort auf den Klimawandel in Form einer Reaktion auf die Erschütterung der ontologischen Trennung dar, weil es nicht mit einer Erweiterung der Handlungsmacht auf vormals passive Objekte getan sei. An dieser Stelle kommt die Gaia-Theorie ins Spiel, die als argumentative Ressource zugleich den regulativen Horizont der politischen Forderungen wie den von der Moderne unterdrückten symmetrischen Zustand einer schon gegebenen Verteilung von Handlungsmacht darstellt. Latours Projekt erscheint damit sowohl als Verneinung der Moderne als auch als ihre Alternative. Das Aufstreben von Ökologien in den vergangenen Jahrzehnten und auf unterschiedlichen

28 Latour, *Wir sind nie modern gewesen*, 236. Hervorhebung im Original.

 Feldern präsentiert er als Indiz für die zu leistende Auflösung der modernen Verfassung, die im Gaia-Konzept bereits erreicht sei.

Latours Überlegungen sind rhetorisch bis ins Detail ausgeschmückt und operieren mit mächtigen Gegenüberstellungen von richtigen und falschen Weltbildern sowie dem Dualismus von Dualismen und Nondualismen. Verortet man sie vor dem Hintergrund der erläuterten Begriffsgeschichte, wirken sie geradezu unzeitgemäß. Zunächst ist bemerkenswert, dass Latour kaum Verständnis für die Bedeutung der Kybernetik zeigt, die Lovelocks Arbeiten zugrunde liegt. Sie stellt für ihn eine Ingenieurswissenschaft dar, die erklärt, wie Technik durch ein Ingenieurssubjekt gesteuert wird. Die Vermutung liegt nahe, dass Latour die Kybernetik damit so weit trivialisiert, dass er sie mit einem deterministischen Mechanizismus verwechselt. Daher kann er die Kybernetik dem von ihm unterstellten Holismus der Gaia-Theorie gegenüberstellen und erstere somit ab- sowie letzteren aufwerten.

Latours Fehllektüre der Kybernetik hängt also eng mit seinem Verständnis eines ökologischen Holismus zusammen, in dem alles mit allem verbunden ist. Die Einführung von Rückkopplungen und Steuerungsprozessen in die Technik, aber mit dem Ökosystem-Begriff auch in die Ökologie, simplifiziert Latour als Einführung eines Steuermanns, eines *kybernetes*. Dass die Kybernetik im Sinne Norbert Wieners – darin explizit gegen mechanistische und gegen holistische Bewegungen gleichermaßen – auf einer Gleichbehandlung technischer und natürlicher Objekte beruht und mit Heinz von Foerster nicht-triviale Maschinen in ihrer Selbstorganisation als zelluläre Automaten betrachtet, dass sie Organisationen als negentropische Einheiten begreift und dabei nicht in Maschinen und Lebewesen unterscheidet[29], müsste

29 Norbert Wiener, *Cybernetics: Control and Communication in the Animal and the Machine* (Cambridge: Technology Press, 1948); sowie Heinz von Foerster, „On Self-organizing Systems and Their Environments," in *Self Organizing Systems*, hrsg. v. Marshall C. Yovits, George T. Jacobi und Gordon D. Goldstein (London: Pergamon Press, 1960), 31–50.

Latour in die Karten spielen. Indem Latour diese Traditionslinie ausblendet, übersieht er zugleich, dass gerade in der Kybernetik Dualismen aufgeweicht wurden und dass die Ausweitung von Handlungsmacht auf Kollektive bereits dort angedacht war. Noch viel mehr sollte Latour überzeugen, dass die Kybernetik, von der Systemtheorie Bertalanffys geprägt, als Versuch auftritt, aus der Starre zwischen Holismus und Mechanismus auszusteigen, die mit Latour gegen Latour als Reste der Moderne verstanden werden könnten. Der Ansatz von Lovelock und Margulis setzt die kybernetische Fassung des *environments* als manipulierbare, negentropische *black box* insofern fort, als ihre Hypothese zeigt, dass „environmental control"[30] eine Eigenschaft von selbstorganisierenden Systemen sein kann, dass *environments* also schon vor dem Menschen keine Ursprünge, sondern Prozesse waren. Von einem „natürlichen *environment*" zu sprechen ist daher, darin ist Latour recht zu geben, widersinnig, weil das von der Kybernetik aufgenommene Potenzial des Begriffs darin liegt, die Unterscheidung von natürlich und artifiziell zu unterlaufen. Doch wenn Latour die Kybernetik der Ökologie, gerade der politischen, entgegensetzt, bleibt deren historischer Einsatz verdeckt – und damit auch die Verstrickung der Gaia-Theorie und vielleicht auch von Latours eigenem Ansatz in diese Geschichte.

Dieses eigenwillige Verständnis oder gar Missverständnis der Kybernetik wird besonders deutlich, wenn Latour am Ende der Vorlesungsreihe konstatiert, dass Gaia durchaus als kybernetisches Wesen verstanden werden könne, aber eben nicht als technisches. Wie Bruce Clarke gezeigt hat[31], ist Latours Beschreibung Gaias durch und durch kybernetisch, wenn er davon spricht, dass „every consequence adds slightly to a cause"

30 Lovelock und Margulis, „Biological Modulation of the Earth's Atmosphere," 486.

31 Vgl. Bruce Clarke, *Neocybernetics and Narrative* (Minneapolis: University of Minnesota Press, 2014).

oder „consequences overwhelm their causes."[32] Doch statt diesen Pfaden zu folgen, versteift sich Latour auf einen überaus einfach anmutenden Technikbegriff, der eher Hämmer und Pistolen umfasst als Computer und digitale Netzwerke. Diese Verengung der Technik, die Latours Arbeiten generell kennzeichnet[33], könnte in dieser – im Gegensatz zu Lovelock – einseitigen Lektüre der Kybernetik einen Ursprung haben. Sie wirkt insofern trivialisierend, als die Techniken, die bei Latour auftauchen, fast ausschließlich instrumentellen Charakter haben und von einem Subjekt verwendet werden. Konzeptuell unterläuft Latour damit die von ihm selbst in den Vordergrund gestellte nicht-menschliche Handlungsmacht der Technik, die mit Blick auf die Technikgeschichte gerade in kybernetischen Maschinen zum Tragen kommt.

Ein ähnlicher Verdacht trifft Latours gelegentliche Bezugnahme auf den Begriff des Ökosystems, der in Arthur Tansleys Formulierung von 1935 und der kybernetischen Ausweitung durch Raymond Lindeman, George Evelyn Hutchinson und die Odum-Brüder[34] viele von Latours Zuschreibungen an das Gaia-Konzept – Verteilung von Handlungsmacht in „waves of action", nicht durchgehaltene Trennung in Mensch und Natur – schon beinhaltet. In *Politics of Nature* schreibt Latour: „The ecosystem integrated everything, but too quickly and too cheaply."[35] Leider gibt Latour keine Gründe für seine Ablehnung des Konzepts an. In *Facing Gaia* schreibt er, dass Oliver Morton ihn auf die Verbindung zwischen Lovelock und Tansley sowie dessen Widerstand

32 Bruno Latour, „Attempt at a Compositionist Manifesto," *New Literary History* 41 (2010): 482, 484.

33 Vgl. etwa das Beispiel der Waffe, das Latour zur Erklärung technischer Vermittlung heranzieht: Bruno Latour, „On Technical Mediation: Philosophy, Sociology, Genealogy," *Common Knowledge* 3, Nr. 2 (1994).

34 Arthur G. Tansley, „The Use and Abuse of Vegetational Concepts and Terms," *Ecology* 16, Nr. 3 (1935); Raymond L. Lindeman, „The Trophic-Dynamic Aspect of Ecology," *Ecology* 23, Nr. 4 (1942); sowie Eugene P. Odum, *Fundamentals of Ecology* (Philadelphia: Saunders, 1953).

35 Latour, *Politics of Nature*, 131.

gegen jeden Holismus hingewiesen habe, beschreibt Gaia jedoch inkohärenterweise als „anti-system".[36] Vielmehr kann Gaia stattdessen, wie Clarke herausgearbeitet hat, als avanciertes ökologisches Systemkonzept in der Tradition Tansleys und Ludwig von Bertalanffys gelten:

> Taken together, the system's concept of autopoiesis and Gaia epitomize a shift in the aims of scientific rationality, from instrumental control without due regard for environmental ramifications, to the observation and integrated coordination of system/environment relation.[37]

Selbst wo Latour gegen die Selbstverständlichkeit der Natur argumentiert, bleibt *environment* als Platzhalter für die gegenwärtigen Herausforderungen des Anthropozäns selbstverständlich. Zugespitzt ausgedrückt: Indem Latour Gaia aus diesen Kontexten isoliert, setzt er sich selbst an die Spitze einer nunmehr geschichtslosen Bewegung. Dabei wiederum wird das holistische Nachleben dieses Konzepts zugunsten der Onto-Ökologie globaler Verbundenheit verdeckt. Entsprechend ignoriert Latour, wie die Epistemologie des Umgebens, die in all diesen Kontexten ökologischen Denkens eine zentrale Rolle spielen, die Position prägen, von der aus er selbst spricht.

Die Frage, auf die Latour im epistemologischen Herzen Gaias stößt, ist diesen Einwänden zum Trotz zentral für eine ihrer aktuellen, auch theoretischen Aufgaben bewussten Ökologie: Kann man, wenn man das Ökosystem auf globalen Maßstab ausdehnt, noch von einem *environment* ausgehen oder löst sich mit der Isolierung des *organism* vom *environment* auch das *environment* auf, weil es, um im Bild zu bleiben, ohne Mittelpunkt keinen Kreis mehr gibt? Gibt es ein *environment*, wenn die Unterscheidung von Innen und Außen aufgehoben wird?

36 Latour, *Facing Gaia*, 87.

37 Bruce Clarke, „Autopoiesis and the Planet," in *Impasses of the Post-Global: Theory in the Era of Climate Change*, hrsg. v. Henry Sussman (Ann Arbor: Open Humanities Press, 2012), 61.

Zwar betont Latour, dass es, wenn man den Planeten als Gaia betrachte, neben dem außerplanetarischen Nichts kein Außerhalb gebe und deshalb das *environment* im Sinne eines allgemeinen, von allen Aktanten geteilten und für alle Aktanten identischen *environments* verschwände. Doch zugleich verwendet er den Begriff als abstrakte Einheit aller je konkreten, vom Umgebenen abhängigen Umgebungen weiter. Diese rhetorische, epistemologische und letztlich in ihrem Anspruch einer Welterklärung auch ontologische Operation spielt sich an der Grenze zwischen einem globalen und einem lokalen *environment* ab. Um noch einmal den Eintrag *environment* aus dem Glossar von *Politics of Nature* zu zitieren: „It is the externalized whole of precisely what one can neither expel to the outside as a discharge nor keep as a reserve."[38] Der Begriff *environment* steht zur Disposition, wird aber weiterhin benötigt. Er kann, so Latours Hoffnung, die Ontologie ökologischer Verschränktheit erfassen, impliziert aber zugleich ein Verhältnis von Innen und Außen, das der Komplexität dieser in neuen Maßstäben gefassten Verschränktheit nicht mehr gerecht werde. Auch ohne Außen muss es ein *environment* als Umgebendes geben, weil es etwas Umgebenes gibt. Latour verwendet den Begriff dennoch weiter und greift auf das Gaia-Konzept zurück, weil es Umgebungen geben muss, selbst wenn sie sich im Inneren befinden. Er kann den Begriff nicht endgültig verabschieden, weil er ihn braucht, um mit der Ökologie Gaias die modernen Dualismen zu unterlaufen bzw. weil er diese – so seine Rhetorik – bereits zu unterlaufen behauptet.

Die *environments*, die Gaia gibt, bieten sich an, um den Anthropomorphismus aufzulösen, weil Gaia weder eine transzendente Natur voraussetzt, noch den Menschen in den Mittelpunkt stellt. Latour hat in diesem Sinne eine Entscheidung zwischen

38 Latour, *Politics of Nature*, 241. Im französischen Original ist von *environnement* die Rede: Bruno Latour, *Politiques de la nature: Comment faire entrer les sciences en démocratie* (Paris: La Découverte, 2004). In der deutschen Übersetzung heißt es stattdessen *Umwelt*: Latour, *Das Parlament der Dinge*, 299.

Modernität und Ökologie gefordert und damit eine deutliche Grenze zwischen zwei für ihn unvereinbaren Pfaden gezogen: „Political ecology cannot be inserted into the various niches of modernity. On the contrary it requires to be understood as an alternative to modernization. To do so one has to abandon the false conceit that ecology has anything to do with nature as such. It is understood here as a new way to handle all the objects of human and non-human collective life."[39]

Angesichts dieser konzeptuellen Verteilungen von Handlungsmacht auch auf das, was bis dahin als passive Umgebung galt, kann das *environment* nicht mehr im alten Sinne außerhalb sein, weil nichts mehr auf der unbedeutenden Seite der Unterscheidung platziert werden kann. Man kann demgegenüber einwenden, dass Latours Behauptung voraussetzt, dass *environments* immer als passiv und supplementär angesehen worden seien, was angesichts der Geschichte der Ökologie sicherlich nicht der Fall ist. Seine Argumentation baut zum wiederholten Male einen leicht zu schlagenden Gegner auf. Dennoch liegt in diesem Gedanken eine wichtige Intuition verborgen, die den gegenwärtigen Status der an die Ökologie der 1960er Jahre anschließenden Epistemologien des Umgebens kartiert. Denn trotz der Einwände führt Latour den Begriff des *environments* fort, und fast könnte man meinen, dass er trotz dessen verkündeten Endes mächtiger ist als zuvor. Betrachtet man Latours These vom Verschwinden des *environments* in ihrer Polemik, wird deutlich, dass das vermeintliche Verschwinden des *environments* – parallel zum Verschwinden des Außen – als Aufhebung der Macht einer Unterscheidung gedacht ist. Die Dyade von *environment* und Organismus wurde, so kann man Latour interpretieren, als absolut begriffen, stellt sich aber nunmehr als relativ heraus – als ökologisches Verhältnis einer nicht mehr essenzialistischen Dyade von *organism* und *environment*. Im

39 Bruno Latour, „To Modernize or to Ecologize? That's the Question," in *Remaking Reality: Nature at the Millenium*, hrsg. v. Bruce Braun und Noel Castree (London: Routledge, 1998), 222.

 Rahmen dieser spezifischen Epistemologie des Umgebens kann ihr Verhältnis immer wieder auf sich selbst bezogen und in sich wiederholt werden. Eben diese Verschachtelung von *environments* setzt Latour mit Gaia gleich. Gaia bringt all diese *environments* zu einem Ganzen zusammen, ohne selbst ein übergeordnetes *environment* zu sein. Das Außen des Alls ist von ihr abgeschnitten und jedes Außen im Innen ist bereits innen, so dass es nur noch Relationen von *environments* geben kann, Umgebungen von Umgebenem.

So wird noch einmal deutlich, dass die Frage des Umgebens zutiefst mit der Frage nach dem Außen und dem Außerhalb der Umgebung verwoben ist. Wenn das Außen verschwindet, muss es, weil es in der Ökologie als Umgebendes gedacht wird, im Inneren fortexistieren. Das *environment* bleibt auch ohne Außen *environment*, da es als Umgebendes umgebend bleibt. Latour hat in seiner Anverwandlung des Gaia-Konzepts den Gedanken geäußert, dass die Rede vom *environment* ihre Grundlage verliere, wenn man den Planeten als globales Netzwerk der Verkettung von Aktanten begreife, dessen Außen verschwunden sei. Die Fragen, die Latour daher nicht zu stellen vermag, die heute aber zu fragen bleibt, wenn man die Geschichte der Technologien des Umgebens ernstnimmt, lauten: Was umgibt das Umgebende, was ist das *environment* der *environments*? Und von welchem Ort aus lassen sich Umgebungen dann noch beobachten?

Bibliografie

Bernard, Claude. *Leçons sur les phénomènes de la vie communs aux animaux et aux végétaux*. Paris: Baillière, 1878.

Braun, Bruce und Noel Castree, Hg. *Remaking Reality: Nature at the Millenium*. London: Routledge, 1998.

Clarke, Bruce. „Autopoiesis and the Planet." In *Impasses of the Post-Global: Theory in the Era of Climate Change*, hrsg. v. Henry Sussman, 58–75. Ann Arbor: Open Humanities Press, 2012.

Clarke, Bruce. *Neocybernetics and Narrative*. Minneapolis: University of Minnesota Press, 2014.

Commoner, Barry. *The Closing Circle: Confronting the Environmental Crisis*. New York: Knopf, 1971.

Crist, Eileen und H. B. Rinker, Hg. *Gaia in Turmoil: Climate Change, Biodepletion, and Earth Ethics in an Age of Crisis*. Cambridge: MIT Press, 2009.

Foerster, Heinz von. „On Self-organizing Systems and Their Environments." In *Self Organizing Systems*, hrsg. v. Marshall C. Yovits, George T. Jacobi und Gordon D. Goldstein, 31–50. London: Pergamon Press, 1960.

Gertenbach, Lars, Sven Opitz und Ute Tellmann. „Bruno Latours neue politische Soziologie: Über das Desiderat einer Debatte." *Soziale Welt* 67, Nr. 3 (2016): 237–248.

Gertenbach, Lars, Sven Opitz und Ute Tellmann. „‚There is No Earth corresponding to the Globe': An Interview with Bruno Latour." *Soziale Welt* 67, Nr. 3 (2016): 353–364.

Gifford Lectures. „Lord Adam Gifford's Will." Letzter Zugriff 21. Juli 2016. http://www.giffordlectures.org/lord-gifford/will.

Latour, Bruno. *Nous n'avons jamais* été *modernes: Essai d'anthropologie symétrique*. Paris: La Découverte, 1991.

Latour, Bruno. „On Technical Mediation: Philosophy, Sociology, Genealogy." *Common Knowledge* 3, Nr. 2 (1994): 29–64.

Latour, Bruno. „To Modernize or to Ecologize? That's the Question." In *Remaking Reality: Nature at the Millenium*, hrsg. v. Bruce Braun und Noel Castree, 221–242. London: Routledge, 1998.

Latour, Bruno. *Wir sind nie modern gewesen: Versuch einer symmetrischen Anthropologie*. Frankfurt am Main: Fischer, 1998.

Latour, Bruno. *Das Parlament der Dinge: Für eine politische Ökologie*. Frankfurt am Main: Suhrkamp, 2001.

Latour, Bruno. *Politics of Nature*. Cambridge: Harvard University Press, 2004.

Latour, Bruno. *Politiques de la nature: Comment faire entrer les sciences en démocratie*. Paris: La Découverte, 2004.

Latour, Bruno. *Elend der Kritik: Vom Krieg um Fakten zu Dingen von Belang*. Zürich, Berlin: Diaphanes, 2007.

Latour, Bruno. „Attempt at a Compositionist Manifesto." *New Literary History* 41 (2010): 471–490.

Latour, Bruno. „Gifford-Lectures: Facing Gaia – Six Lectures on the Political Theology of Nature", Edinburgh, 18. bis 28. Februar 2013. Letzter Zugriff 9. Dezember 2017, http://www.bruno-latour.fr/sites/default/files/downloads/GIFFORD-ASSEMBLED.pdf.

Latour, Bruno. „How to Make Sure Gaia is Not a God of Totality?" Letzter Zugriff 27. Dezember 2015. http://www.bruno-latour.fr/sites/default/files/138-THOUSAND-NAMES.pdf.

Latour, Bruno. „Why Gaia is Not a God of Totality." *Theory, Culture & Society* (2016), Preprint-Veröffentlichung 22. Juni 2016. Letzter Zugriff 22. August 2017. doi:10.1177/0263276416652700.

Latour, Bruno. *Facing Gaia: Eight Lectures on the new Climatic Regime*. Cambridge: Polity Press, 2017.

Lindeman, Raymond L. „The Trophic-Dynamic Aspect of Ecology." *Ecology* 23, Nr. 4 (1942): 399–417.

Lovelock, James. *Gaia: A New Look at Life on Earth*. Oxford: Oxford University Press, 1979.

Lovelock, James und Lynn Margulis. „Atmospheric Homeostasis by and for the Biosphere: The Gaia Hypothesis." *Tellus: Series* A 26, Nr. 1–2 (1974): 2–10.

Lovelock, James und Lynn Margulis. „Biological Modulation of the Earth's Atmosphere." *Icarus* 21 (1974): 471–489.

Margulis, Lynn. *Symbiotic Planet: A New Look at Evolution*. New York: Basic Books, 1998.

Margulis, Lynn und Dorion Sagan. *Microcosmos: Four Billion Years of Evolution from Our Microbial Ancestors*. New York: Harper, 1987.

Odum, Eugene P. *Fundamentals of Ecology*. Philadelphia: Saunders, 1953.

Opitz, Sven. „Neue Kollektivitäten: Das Kosmopolitische bei Bruno Latour und Ulrich Beck." *Soziale Welt* 67, Nr. 3 (2016): 249–266.

Sussman, Henry, Hg. *Impasses of the Post-Global: Theory in the Era of Climate Change*. Ann Arbor: Open Humanities Press, 2012.

Tansley, Arthur G. „The Use and Abuse of Vegetational Concepts and Terms." *Ecology* 16, Nr. 3 (1935): 284–307.

Uexküll, Jakob v. und Georg Kriszat. *Streifzüge durch die Umwelten von Tieren und Menschen*. Berlin: Springer, 1934.

Werber, Niels. „Gaias Geopolitik." *Merkur* 69, Nr. 5 (2015): 59–67.

Wiener, Norbert. *Cybernetics: Control and Communication in the Animal and the Machine*. Cambridge: Technology Press, 1948.

Yovits, Marshall C., George T. Jacobi und Gordon D. Goldstein, Hg. *Self Organizing Systems*. London: Pergamon Press, 1960.

KOSMOPOLITIK

POLITISCHE ÖKOLOGIE

GAIA

KOEXISTENZ

ANTHROPOZÄN

GEOSTORY

[3]

Gaias Fortune: Kosmopolitik und Ökologie der Praktiken bei Latour und Stengers

Petra Löffler

Ausgehend von Latours kosmopolitischen Überlegungen im Anschluss an die Gaia-Hypothese von Lovelock und Margulis untersucht dieses Kapitel die epistemologischen und rhetorischen Einsätze, die *Gaia* zu einer prominenten Figur innerhalb aktueller ökologischer und politischer Debatten gemacht haben. Es rekonstruiert die Verflechtungen von Latours politischer Ökologie mit Stengers Ökologie der Praktiken und diskutiert ihr Konzept einer Ethik des Experimentierens. Im Vordergrund stehen dabei die Wirksamkeiten, die *Gaia* hinsichtlich anderer Kompositionen einer gemeinsam bewohnten Welt entfaltet, ebenso wie die wissenschaftspolitischen Allianzen, die sich um sie gebildet haben.

Gaia is the great Trickster
of our present history.[1]
– Bruno Latour

Kosmopolitik

Im November 2011 hält Bruno Latour am French Institute in London einen Vortrag mit dem Titel „Waiting for Gaia," in dem er dafür plädiert, die Welt der Wissenschaft und die Welt der Politik miteinander zu versöhnen und gemeinsam zu fragen, wie wir leben wollen: „Instead of trying to distinguish what can no longer be distinguished, ask these key questions: what world is it you are assembling, with which people do you align yourselves, with what entities are you proposing to live?"[2] Dringlichkeit haben diese Fragen für Latour vor dem Hintergrund seiner kritischen Bestandsaufnahme moderner Wissenschaft und Politik erlangt, die er vor mehr als zehn Jahren in seinem Buch *Politics of Nature: How to Bring the Sciences Into Democracy* in Angriff genommen hat.[3] Da aus seiner Sicht keine der beiden Institutionen allein in der Lage sei, die globalen ökonomischen und ökologischen Krisen sowie die existenziellen sozialen und kulturellen Probleme der Gegenwart zu bewältigen, bedürfe es einer grundlegenden Neuausrichtung politischen Handelns, das in der Lage sei, das jeweils daraus Ausgeschlossene provisorisch zu integrieren. Seine Überlegungen zielen auf die allmähliche Komposition

1 Bruno Latour, „Waiting for Gaia: Composing the Common World through Arts and Politics," Vortrag am French Institute, London, 21. November 2011, letzter Zugriff 15. Januar 2017, http://www.bruno-latour.fr/sites/default/files/124-GAIA-LONDON-SPEAP_0.pdf, 8.

2 Ebd., 7.

3 Vgl. Bruno Latour, *Politics of Nature: How to Bring the Sciences Into Democracy* (Cambridge, MA: Harvard University Press, 2004). Die deutsche Ausgabe erschien unter dem Titel *Das Parlament der Dinge: Für eine politische Ökologie* (Frankfurt am Main: Suhrkamp, 2012).

einer gemeinsamen Welt,[4] in der verschiedene Entitäten und Existenzweisen koexistieren. Bereits hier bezeichnet Gaia eine solche „provisorische und ordnungsgemäß zusammengesetzte Gesamtheit."[5] Politische Ökologie sei deshalb damit beschäftigt, Versammlungen von Entitäten zu komponieren – getreu dem Motto: „[G]estern konnten wir keinen *kosmos* formen, [...] morgen werden wir einen *kosmos* bilden, der weniger mißgestaltet ist."[6] Latours politische Ökologie ist so gesehen Kosmopolitik.[7]

Im Folgenden soll genauer beleuchtet werden, welche Rolle Gaia für die Konzeption einer solchen Kosmopolitik spielt. Gleichzeitig soll Latours Wiederaufnahme von Gaia zum Anlass genommen werden, um dessen politische Ökologie in einem größeren Kontext wissenschaftspolitisch zu situieren.[8] Dabei wird es auch darum gehen, die Bezüge und Allianzen zu beleuchten, in die Latour verstrickt ist. An erster Stelle ist hier Isabelle Stengers zu nennen, die sich ebenfalls seit Jahren intensiv mit Gaia beschäftigt und dem Begriff der Kosmopolitik die entscheidende Wendung zu einem ontologischen Pluralismus gegeben hat. Bereits im 1993 erschienenen ersten Band ihrer insgesamt siebenbändigen Abhandlung *Cosmopolitiques* mit dem Titel *La guerre des sciences* versteht Stengers unter Kosmopolitik dezidiert

4 Vgl. den entsprechenden Eintrag im Glossar ebd., 285: „composition progressive du monde commun."

5 Latour, *Das Parlament der Dinge*, 250f.

6 Ebd., 241. Für Latour nehmen diese zukünftigen zunehmend komplexeren und verwickelteren Kompositionen kein Ende und bilden daher ein flexibles Außen, das von dem jeweils Nichtintegrierten gebildet wird.

7 Der Begriff ‚cosmopolitics' taucht bereits in Bruno Latours 1999 erschienener Essaysammlung *Pandora's Hope: An Essay on the Reality of Science Studies* (Cambridge, MA: Harvard University Press, 1999) auf, die Shirley Strum, Donna J. Haraway, Steve Glickman und ihren Schimpansen, Cyborgs und Hyänen gewidmet ist.

8 Ich verwende den Begriff des ‚situierten Wissens' in Anschluss an Donna J. Haraway, die von der Begrenztheit und Multiperspektivität jeglichen Wissens ausgeht. Vgl. „Situated Knowledges: The Science Question in Feminism and the Privilege of Partial Perspective," *Feminist Studies* 14, Nr. 3 (1988): 575–599.

eine Form des ethischen Experimentierens und setzt sich damit von Kants Bestimmung dieses Begriffs deutlich ab,[9] der darunter das politische Ideal eines „ewigen Frieden[s]" verstanden hatte.[10] Kosmopolitisch wird die politische Ökologie für Stengers vielmehr durch den Stellenwert, den experimentelle Praktiken dem allmählichen Komponieren einer gemeinsamen Welt beimessen. In diesem Band entwickelt sie auch das kosmopolitische Konzept einer ‚Ökologie der Praktiken,' das darauf zielt, die Emergenz und Koexistenz von handelnden Entitäten in wissenschaftlichen Experimentalkulturen herauszustellen und deren Relationen zu vervielfältigen.

Auf Stengers wissenschaftsphilosophische und -politische Arbeiten bezieht sich Latour seit Jahren immer wieder – wie sie auch umgekehrt seine Arbeiten zur Wissenschaftsgeschichte gewürdigt hat.[11] Auch in seinen Anfang 2013 gehaltenen *Gifford Lectures* diskutiert Latour Möglichkeiten, eine weniger ‚missgestaltete' und gänzlich diesseitige Welt zu komponieren, in der die Unterscheidung zwischen Natur und Kultur aufgehoben sei, explizit unter dem gleichermaßen schillernden wie prekären Namen Gaia. Wie er bereits in *Politics of Nature* herausgestellt hat,[12] ist Gaia für ihn keine göttliche Nährmutter und auch kein Refugium, sondern eine gegenüber den Menschen indifferente Handlungsmacht, die positive wie auch negative Wechselwirkungen und Rekursionen erzeugt.[13] Außerdem beharrt Latour

9 Vgl. Isabelle Stengers, *Cosmopolitics I: The Science Wars*, übers. v. Robert Bononno (Minneapolis/London: University of Minnesota Press, 2010), VIII. Zur Absetzung von Kants Begriffsbildung siehe ebd. 79.

10 Stengers rekurriert auf Kants rechtsphilosophische Schrift *Zum ewigen Frieden: Ein philosophischer Entwurf* aus dem Jahr 1795. In der jüngeren Vergangenheit haben u. a. Norbert Bolz in *Weltbürgertum und Globalisierung* (München: Fink, 2000) und Ulrich Beck in *Der kosmopolitische Blick* (Frankfurt am Main: Suhrkamp, 2004) dieses Konzept wieder aufgegriffen.

11 Isabelle Stengers hat ihr Buch *L'invention des sciences modernes* (Paris: La Découverte, 1993) Félix Guattari und Bruno Latour gewidmet.

12 Vgl. Latour, *Parlament der Dinge*, 251.

13 Vgl. Latour, „Waiting for Gaia," 10: „Gaia is just a set of contingent positive and negative cybernetic loops."

darauf, dass Gaia ein kosmologisches Konzept jenseits von Teleologie und Vorhersehung sei – Ausdruck eines ontologisch vielfältigen Multiversums, wie er mit Bezug auf William James betont.[14] Gerade ihr Mangel an Einheit und Kontinuität macht Gaia für Latour interessant, denn im Unterschied zur universalistischen Politik der Modernen agiere sie lokal begrenzt, sei ihre Handlungsmacht sensitiv und zerbrechlich. Darüber hinaus konzipiert er Gaia als ein Subjekt der Geschichte, das ohne Zweifel die Existenz der menschlichen Spezies überdauern werde.

Die Frage, wie eine zukünftige Welt aussehen soll, in der aus unterschiedlichen Entitäten gebildete Kollektive zusammenleben, spielt für Latours großes Projekt einer symmetrischen Anthropologie der Modernen eine wichtige Rolle. In seinen *Gifford Lectures* hat er sie erneut mit rhetorischer Verve auf die politische Agenda gesetzt und behauptet: „Gaia is most probably another Earth, another Globe, invoked by another people".[15] Im Folgenden möchte ich untersuchen, wie diese namhaft gemachten ‚anderen Leute', diese ‚anderen Kollektive' jenseits der Trennung zwischen Wissenschaft und Politik zusammengesetzt sein könnten, wie ein ‚politischer Körper' beschaffen sein müsste, der sich auf diese ‚andere Erde', auf diesen ‚anderen Globus' berufen und ihn zugleich anrufen könnte.[16] Entscheidend ist in diesem

14 William James verwendete diesen Begriff erstmals 1895 in seinem Essay *Is Life Worth Living?*, um Plastizität und Indifferenz der sichtbaren Natur zu charakterisieren: „Visible nature is all plasticity and indifference – a moral multiverse, as one might call it, and not a moral universe" (William James, *The Will to Believe and Other Essays in Popular Philosophy* (Cambridge, MA/ London: Harvard University Press, 1979), 43.

15 Bruno Latour, „Gifford Lectures: Facing Gaia – Six Lectures on the Political Theology of Nature." Edinburgh, 18. bis 28. Februar 2013. „Gifford Lectures 1: Once out of Nature," 26. Letzter Zugriff 9. Dezember 2017, http://www.bruno-latour.fr/sites/default/files/downloads/GIFFORD-ASSEMBLED.pdf.

16 Vgl. Bruno Latour, *Facing Gaia: Eight Lectures on the new Climatic Regime* (Cambridge: Polity Press, 2017), 32: „If politics consists in representing the voices of the oppressed and the unknown, then we would all be in a much better situation if, instead of pretending that the others are the ones engaged in politics and that you are engaged 'only in science,' you recognized that you

 Zusammenhang, dass für Latour jegliche Entität alterieren muss, um zu existieren, die Alterität also die Voraussetzung für deren Fortbestehen darstellt. Auch die Vorstellung einer wechselseitigen Anrufung oder Instaurierung geht davon aus, dass sich diese ‚andere Erde' und diese ‚anderen Leute' gegenseitig bedingen und hervorbringen.[17]

Gegenseitige Ergreifung

Um Latours kosmopolitischen Einsatz zu verdeutlichen, möchte ich Stengers Konzept der ‚gegenseitigen Ergreifung' aufnehmen, das sie im bereits erwähnten ersten Band von *Cosmopolitiques* entworfen hat. Darin beschreibt sie Entitäten in wissenschaftlichen Experimenten als gleichermaßen konstruiert wie real. Sie erlangen Identität und Stabilität demnach nur in einem Netzwerk von Relationen, das heterogene Existenzweisen und Praktiken entstehen lässt.[18] Das Experimentieren wiederum ist geleitet von den jeweiligen Interessen der beteiligten Entitäten, das sie miteinander in Beziehung treten lässt, sie situiert und ihre Identität bestimmt.[19] Diese Verschränkung partikularer Interessen begreift Stengers als immanenten Prozess der ‚gegenseitigen Ergreifung' („reciprocal capture"), durch den

were also in fact trying to assemble another political body and to live in a coherent cosmos composed in a different way."

17 ‚Alterierung' und ‚Instaurierung' sind Begriffe, die Latour in seinem 2012 erschienenen Buch *Enquête sur les modes d'existence* (Paris: La Découverte, 2012) vorgeschlagen hat. Den Begriff ‚Instaurierung' übernimmt Latour ebenso wie den der ‚Existenzweise' von Étienne Souriau (vgl. Étienne Souriau, *L'instauration philosophique* (Paris: F. Alcan, 1939); *Les différents modes d'existence: Suivi „De l'œuvre à faire"* (Paris: PUF, 1943), deren Neuauflage er 2009 zusammen mit Isabelle Stengers herausgegeben hat). Der Begriff „Anrufung" ist bewusst mit Bezug auf Louis Althussers Philosophie gewählt.

18 Stengers benutzt in diesem Zusammenhang Latours Begriff „factish" – einen aus „fact" und „fetish" gebildeten Neologismus.

19 Vgl. Stengers, *Cosmopolitics*, 27.

symbiotische Existenzweisen entstehen und von ihnen abhängige Werte produziert werden.[20]

Eine gleichermaßen reale wie konstruierte Entität ist für sie auch Gaia, die die vermeintlichen Gewissheiten der Modernen, vor allem die zentrale Position des *anthropos* als hegemoniale Spezies, herausfordert.[21] Stengers bezieht sich dabei einerseits auf Félix Guattaris These einer Interdependenz von Krisen der Ökonomie, des Sozialen und des Individuums, die er in seinem 1989 erschienenen Buch *Les trois* écologies analysiert und mit der Forderung nach einer Ökosophie gekontert hat.[22] Andererseits ist für sie Donna J. Haraways Konzept einer Kohabitation von Arten von Bedeutung, das diese auf den Begriff des *Becoming-with* gebracht hat. Von Haraway übernimmt sie auch den Leitspruch „Staying with the trouble."[23] Im Unterschied zu Latours Auffassung ist Gaia für Stengers in erster Linie Ausdruck der Komplexität von Situationen und Verhältnissen, die Handlungen erforderlich macht und auslöst. Als Handlungsaufforderung ist Gaia zugleich eine Figur der Dringlichkeit bzw. des Eindringens, durch die Relationen vervielfältigt und kompliziert werden, also gerade kein Gegenüber wie bei Latour, dem man begegnen kann.[24] Gaia stellt für Stengers eine unpersönliche immanente

20 Vgl. ebd., 35. Stengers bezieht ihr Konzept der ‚gegenseitigen Ergreifung' („reciprocal capture") auf die von Gilles Deleuze und Félix Guattari entworfene Idee einer ‚doppelten Ergreifung' („double capture"), worunter diese symbiotische Verhältnisse wie das zwischen Wespe und Orchidee als „Block des Werdens" und „Involution" fassen. Vgl. Gilles Deleuze und Félix Guattari, *Mille Plateaux/Tausend Plateaus*, übers. v. Gabriele Ricke und Rouald Voullié (Berlin: Merve, 1997), 325. Die ‚gegenseitige Ergreifung' ist für Stengers jedoch enger gefasst und stabiler (vgl. Fußnote 11 in Stengers, *Cosmopolitics*, 266).

21 Vgl. Isabelle Stengers, „Gaia, the Urgency to Think (and Feel)." Letzter Zugriff 9. Februar 2017, https://osmilnomesdegaia.files.wordpress.com/2014/11/isabelle-stengers.pdf.

22 Vgl. Félix Guattari, *Les trois écologies* (Paris: Éditions Galilée, 1989).

23 Donna J. Haraway, *When Species Meet* (Minneapolis/London: University of Minneapolis Press, 2008), 80.

24 Vgl. das Interview von Heather Davis und Etienne Turpin mit Isabelle Stengers: Isabelle Stengers, „Matters of Cosmopolitics: On the Provocations

 Handlungsmacht dar, die sie besonders gegen den impliziten Anthropozentrismus in Wissenschaft und Politik in Stellung bringt.

Zu den Praktiken, die für Stengers im Prozess der ‚gegenseitigen Ergreifung' ins Spiel kommen, gehören deshalb auch Auseinandersetzungen um die Vorherrschaft von Wissensmodellen und deren Wahrheitsprozeduren, der Kampf um Interessen und Werte, der Wissenschaft und Politik verbinde und von ihr als ökologisches Problem adressiert wird, insofern dabei die Interdependenz von Entitäten und der Bestand von Praktiken betroffen sei: „Ecological practice (political in the broad sense) is then related to the production of values, to the proposal of new modes of evaluation, new meanings."[25] Die auf diese Weise produzierten Werte, Beurteilungen und Bedeutungen seien jedoch nicht in der Lage, die Situation, aus der heraus sie entstanden sind, zu transzendieren und allgemeingültige Wahrheiten zu formulieren – im Gegenteil, sie fügten der Situation (nur) neue Relationen hinzu, die wiederum Werte, Beurteilungen und Bedeutungen generierten: „They are about the production of *new relations that are added* to a situation already produced by a multiplicity of relations. And those relations can also be read in terms of value, evaluation, and meaning."[26] Eine ‚Ethik des Experimentierens' besteht für Stengers deshalb darin, die Interessen und Werte aller beteiligten Entitäten zu berücksichtigen.

Entscheidend ist für sie daher, dass Werte genauso wie Urteile und Bedeutungen ausschließlich im kosmopolitischen Raum der Praktiken entstehen und zwischen den beteiligten Entitäten verhandelt werden müssen, es also keine *per se* gültigen Werte,

of Gaia; Isabelle Stengers in Conversation with Heather Davis and Etienne Turpin." Letzter Zugriff 1. Mai 2015, http://quod.lib.umich.edu/o/ohp/12527215.0001.001/1:19/--architecture-in-the-anthropocene-encounters-among-design?rgn=div1;view=fulltext.

25 Stengers, *Cosmopolitics*, 32.

26 Ebd., 33.

Urteile und Bedeutungen gibt. Das gilt auch für Umweltschützerlnnen, die eine ‚Natur' konservieren wollen, die jenseits von kosmopolitischen Praktiken situiert wird. Für Stengers zeichnet das Projekt einer Ökologie der Praktiken gerade aus, dass es die unauflösbare Verbindung zwischen Werten und der Schaffung von Beziehungen in einer Welt, die schon immer in Begriffen von Wert und Beziehung entziffert werden kann, ausdrücklich thematisiert und problematisiert. Diese relationale Auffassung von Werten und Interessen geht auf die Kosmologie Alfred N. Whiteheads zurück, für den es keine wertfreie, interessenlose Existenz geben kann. Für ihn hat jede Entität vielmehr ein genuines Interesse, seine Existenzbedingungen zu verbessern und sich dadurch zu erhalten.[27]

Ein weiterer Vorteil einer solchen Ökologie der Praktiken äußert sich für Stengers darin, dass sie vor allem Prozesse fokussiert, die disparate Begriffe und Entitäten einbeziehen: „Ecology can and should, for example, take into account the consequences for a given milieu, of the appearance of a new technical practice just as it does for the consequences of climate change or the appearance of a new species."[28] In Betracht bezogen werden demnach einzig die Gleichwertigkeit und Gleichzeitigkeit koexistierender Entitäten und deren Beziehungen in einem gemeinsamen Milieu. Aus diesen Überlegungen zieht Stengers eine Reihe von Schlussfolgerungen:

1. „Ecology is not a science of function."[29] Die Rollen, die koexistierende Populationen (Entitäten und deren Praktiken) in

27 Vgl. Alfred N. Whitehead, *Die Funktion der Vernunft* (Stuttgart: Reclam, 1974), 28. Für ihn stellen ‚gut' bzw. ‚besser leben' Werte aller organischen wie anorganischen Entitäten dar, die ihre Interessen bestimmen. Wert hat demnach alles, was die Fortdauer bzw. die Intensität der Existenz fördert. Isabelle Stengers hat sich eingehend mit Whiteheads prozesslogischer Philosophie beschäftigt. Auch in Latours *Enquête sur les modes d'existence* spielen Wertkonflikte eine zentrale Rolle, um die verschiedenen Existenzweisen zu unterscheiden.

28 Stengers, *Cosmopolitics*, 33.

29 Ebd., 34. Die folgenden Zitate ebd.

einem Beziehungsgefüge spielen, sind aus Stengers Sicht im Unterschied zu Funktionen nicht determiniert und machen nicht deren Identität aus. Solche Rollen sind daher für sie nicht kalkulierbar sowie stets vorläufig und instabil.

2. „Correlatively, interdependent populations do not make a ,system' in the sense that they could be defined as parts of a large whole." Kosmopolitik in Stengers Sinn zielt nicht auf die Systematisierung und Vereinheitlichung von Relationen zu einem übergeordneten Ganzen ab, sondern erfasst, durch welche konkreten Praktiken der ‚gegenseitigen Ergreifung' Entitäten zu bestimmten Zeiten situiert werden und symbiotische Milieus einen gemeinsamen Bestand an Praktiken ausbilden können. Das Konzept der ‚gegenseitigen Ergreifung,' der wechselseitigen Abhängigkeit von Entitäten macht also die Annahme oder das Ziel eines ‚großen Ganzen' überflüssig.
3. „Ecology is, then, the science of multiplicities, disparate causalities, and unintentional creations of meaning." Im Zentrum von Stengers kosmopolitischer Ökologie der Praktiken stehen demnach das Multiplizieren von Relationen und Wirkungszusammenhängen sowie nichtintentionale Prozesse des Werdens. Die Produktion von Werten, Wertungen und Bedeutungen wird durch eine Ökologie der Praktiken bestimmt. Sie ist in diesem Sinn konstruktiv und entscheidet, was für eine bestimmte Existenzweise ‚zählt', was als wertvoll im Sinne des Fortbestehens betrachtet wird. Diese Ökologie der Praktiken trägt zugleich das Risiko, das mit allen notwendig instabilen Prozessen des Werdens verknüpft ist: Sie ist nie abgeschlossen und bildet kein Ganzes.

Um ihr Konzept der ‚gegenseitigen Ergreifung' genauer zu spezifizieren, verweist Stengers auf die Rolle von Zwängen, Bedürfnissen bzw. Anforderungen und Verpflichtungen: Von ihnen hängt die relative Stabilität der jeweiligen Praktiken ab, sie teilen den topologischen Raum der Interessen auf und begrenzen ihn zugleich. Sie halten das heterogene Kollektiv der beteiligten

Entitäten zusammen, denn für Stengers ist die Ökologie der Praktiken selbst relational und eingeschränkt:

> Requirements and obligations do not function in terms of reciprocity and, as constraints, what they help keep together is [...] a heterogeneous collective of competent specialists, devices, arguments, and ‚material at risk', that is, phenomena, whose interpretation is at stake.[30]

Diese Bedürfnisse und Verpflichtungen beschränken den kosmopolitischen Raum der Praktiken, situieren ihn hinsichtlich der Werte, Bewertungen und Bedeutungen, die er hervorbringen kann, und sie bilden zugleich ein Netz aus Relationen zwischen verschiedenen Milieus.

Die Abhängigkeit einer Ökologie der Praktiken von Zwängen und Bedürfnissen einerseits sowie Verpflichtungen andererseits schafft Zonen konkurrierender Werte, hält die Grenzen der Milieus durchlässig und prozessiert zugleich die Risiken, die mit jeder Aktivität verbunden sind. Die jeweiligen Bedürfnisse und Verpflichtungen offenzulegen und ihre Relevanz in jeder Situation immer wieder unter Beweis zu stellen, schafft gleichzeitig Möglichkeiten, mit anderen Entitäten und deren Bedürfnissen und Verpflichtungen in Beziehungen zu treten, also Relationen zwischen ihnen auszubilden und zu vervielfältigen. Sie fungieren für Stengers in dieser Hinsicht als Operatoren, die in spezifische Topologien der Praktiken intervenieren und sie delokalisieren. Die Aufgabe einer solchen ‚Kultur der Delokalisierung' besteht für sie letztlich darin, ‚zivile Begegnungen' zwischen handelnden Entitäten zu ermöglichen.[31] Utopisches Potenzial entfaltet die kosmopolitische Ökologie der Praktiken deshalb nicht dadurch, dass sie andere Welten entwirft, sondern uns dazu bringt, „diese Welt ausgehend von anderen Fragestellungen zu betrachten," und eine Komposition vorzuschlagen, die – im Sinne der

30 Ebd., 52.
31 Vgl. ebd., 62.

 ‚gegenseitigen Ergreifung' – „keinen unberührt lässt."[32] In der entscheidenden Frage, wie eine Welt zukünftig komponiert sein sollte, stimmen Stengers und Latour insofern überein: Beide setzen auf die zunehmende Komposibilität des Kosmos.

People of Gaia

Latours Hinwendung zu Gaia bezieht ihre Aktualität besonders aus den konkreten wissenschaftlichen und politischen Herausforderungen, die mit der globalen Erderwärmung und der Ausrufung des Anthropozäns als neues Erdzeitalter seit gut einem Jahrzehnt diskutiert werden, wie er in seinen *Gifford Lectures* unterstreicht: „The reintroduction of climates and atmospheres as the new cosmopolitical concern gives a new urgency to this communality of collectives."[33] Mit der Ankündigung koexistierender und miteinander konkurrierender Gemeinschaften von Kollektiven verabschiedet Latour zugleich die Vorstellung eines singulären Akteurs namens Menschheit sowie jeglicher transzendentaler Instanz, auf die sie sich berufen könnte.[34] Diese Gemeinschaften sind vielmehr für ihn ganz im Hier und Jetzt verankert und basieren auf dem permanenten Aushandeln von Grenzen, auf Entscheidungen und Unterscheidungen, die angesichts des globalen Kriegs um die Lebensbedingungen auf der Erde, in dem wir uns seit 200 Jahren befänden, getroffen werden müssten. Politische Ökologie mache vielmehr deutlich, dass „*wir nie aus dem Kriegszustand herausgetreten* sind."[35] Latours

32 Isabelle Stengers, „Der kosmopolitische Vorschlag," in *Spekulativer Konstruktivismus: Mit einem Vorwort von Bruno Latour*, hrsg. v. Isabelle Stengers (Berlin: Merve, 2008): 168.

33 Latour, „Gifford Lectures 2: A Shift in Agencies," 48.

34 Vgl. Latour, *Facing Gaia*, 274: „if we want to have a political ecology, we have to begin by acknowledging the division of a human species that has been prematurely unified."

35 Latour, *Das Parlament der Dinge*, 272.

politische Ökologie ist deshalb ausschließlich darauf ausgerichtet, „die gemeinsame Bleibe zu bewohnen."[36]

Stengers lehnt die Bezeichnung eines neuen Erdzeitalters als Anthropozän ab, da sie aus ihrer Sicht die privilegierte Position des Menschen als dominanter Handlungsmacht festschreibt. Wenn sie sich stattdessen auf Gaia als komplexes handlungsauslösendes Gefüge beruft, dann um genau dieses Privileg außer Kraft zu setzen.[37] Ihr Entwurf einer kosmopolitischen Ökologie der Praktiken bietet Latour nicht nur die Möglichkeit, die Interdependenz von Milieus und Werten zu denken, sondern auch genauer zu bestimmen, welche Praktiken geeignet sind, um handlungsfähige Kollektive zu bilden, die eine zukünftige Welt auf der Basis nachbarschaftlicher Koexistenz komponieren können. Entscheidend ist dabei, dass diese Welt aus den Relationen gebildet wird, die die beteiligten Entitäten prozessual ausbilden. Bedeutung erlangt der Begriff der Komposition besonders für eine Welt, die immer irgendwie missgestaltet bleibt – was für Latour nichts anderes bedeutet als: „The notions of globe and global thinking include the immense danger of unifying too quickly what first needs to be composed."[38]

Gaia bezeichnet für Latour ein solches Multiversum progressiver Komposibilität. Sie ist für ihn daher alles andere als eine universale und überzeitliche Natur, keine transzendentale Instanz, sondern eine einmalige geschichtliche Entität – die historische Erde als Biotop vergangener, gegenwärtiger wie zukünftiger Wesenheiten, „an entity that is composed of multiple, reciprocally

36 Ebd., 280.

37 Vgl. Stengers, „ Matters of Cosmopolitics."

38 Latour, *Facing Gaia*, 138. In diesem Sinn hat auch Matthew Fuller in seinem Buch *Media Ecologies* argumentiert, wenn er von „compositional drives" spricht und hervorhebt, dass Versammlungen verschiedener Entitäten „multiple compositions, multiple dimensions of relationality" durchlaufen (Matthew Fuller, *Media Ecologies: Materialist Energies in Art and Technology* (Cambridge, MA/London: MIT Press, 2005), 88).

linked, but ungoverned self-advancing processes."[39] Latours Bestimmung von Gaia greift Stengers Konzept der ‚gegenseitigen Ergreifung' („reciprocal capture") auf, insofern er die wechselseitige Verbundenheit in nicht regulierten Prozessen betont. Auch für ihn multipliziert Kosmopolitik die Relationen; sie hat es daher mit der Verteilung von Handlungsmacht („agency distribution") zu tun, mit den Arten und Weisen, wie verschiedene Leute („people") sich um verschiedene Entitäten versammeln und verschiedene Typen von Handlungsmacht verteilen.

Unter der Bezeichnung ‚people of Gaia' entwirft Latour zugleich Aktanten, Performanzen und Kompetenzen, die Entscheidungen auf der Grundlage von kompetitiven Interessen und Werten treffen, die mit allen beteiligten Entitäten beständig ausgehandelt werden müssen. Insofern ökologische Konflikte stets geopolitisch motiviert sind, erfordert jede Kosmopolitik oder politische Ökologie für ihn Verhandlungsbereitschaft und den Einsatz von Diplomatie.[40] Latours politische Ökologie ist eine Ökologie der provisorischen Bindungen, der ständigen Übersetzungen und der diplomatischen Verwicklungen. Wie eine Welt komponiert sein muss, um verschiedene politisch aktive Entitäten koexistieren zu lassen, welche Entitäten sie zu einer bestimmten Zeit inkludieren kann und welche nicht, kann für ihn wie auch für Stengers nur im Experiment erprobt werden, das stets ergebnisoffen und wiederholbar sein muss. Indem das experimentelle Verfahren sicherstellt, dass das aus dem Experiment jeweils Ausgeschlossene

39 Die hier zitierte Version der Vorlesung vom 10.3.2013 ist nicht mehr online zu finden. Zwar bemerkt Latour dort, dass diese Version nur zur Diskussion und nicht zum Zitieren gedacht sei, doch scheint es an dieser Stelle sinnvoll, aufgrund seiner spezifischen Rhetorik auf das zunächst auf der Homepage der Gifford-Lectures veröffentliche Manuskript zurückzugreifen. Vgl. Bruno Latour, „Facing Gaia: Six Lectures on the Political Theology of Nature," Version 10.3.2013, 8.

40 Vgl. Latour, *Facing Gaia*, 239. Latour bezieht sich in diesem Zusammenhang auf Überlegungen von Carl Schmitt. Vgl. Carl Schmitt, *Der Nomos der Erde im Jus Publicum Europaeum* (Berlin: Duncker & Humblot, 1974).

„beim nächsten Zug"[41] berücksichtigt werden kann, antizipiert es zugleich zukünftige Experimente, die darauf abzielen, eine gemeinsame Welt zu bilden. In der gänzlich immanenten Welt von Gaia stellt für Latour einzig das Experiment eine Instanz von transzendenter Wertigkeit dar – wenn auch nur eine „‚kleine Transzendenz.'"[42] Es regelt und reguliert die Entscheidungsprozesse, die zur zunehmenden Inklusion von Wesenheiten führen. Seine politische Ökologie kann man deshalb in Anschluss an Guattari auch als eine Ökosophie des Experiments bezeichnen.

Experimentalpolitik

Wissenschaftliche Praktiken sind für Latours politische Ökologie wie für Stengers Ökologie der Praktiken vor allem deshalb paradigmatisch, weil sie die Anzahl der an Experimenten beteiligten Entitäten multiplizieren und auf diese Weise hochgradig komplexe Versammlungen miteinander streitender Parteien instaurieren. Auf diese Weise komponieren sie eine Welt, in der nicht unbezweifelbare Fakten (‚*matters of fact*') im Vordergrund stehen, sondern streitbare Anliegen (‚*matters of concern*') diskutiert werden.[43] In dieser Welt haben die Epistemologie ebenso wie die Erkenntniskritik ihre Gegner an ein vielstimmiges Multiversum verloren, für die einzig Praktiken der Versammlung zählen. Gegen notorische Klimaskeptiker wendet Latour deshalb ein, dass es kein ‚wahres' Wissen geben kann, sondern nur Kompositionen, Zusammensetzungen von Institutionen, Instrumenten, Materie und Praktiken, die über Interessen und Werte verhandeln. Eine gute wissenschaftliche Praxis zeichnet sich für ihn daher dadurch aus, dass sie die Verfahren der Versammlung offenlegt, ihre professionellen Standards ständig überprüft, ihre Ergebnisse zur Diskussion stellt und – nicht zuletzt – ihr Anliegen freimütig artikuliert.

41 Latour, *Das Parlament der Dinge*, 250.

42 Ebd.

43 Vgl. Latour, *Facing Gaia*, 164.

Dass Latour als Wissenschaftshistoriker eine Lanze für die Praktiken des wissenschaftlichen Experimentierens bricht, ist nicht weiter verwunderlich. Sein besonderes Interesse an Verfahrenslogiken lässt sich jedoch vor allem angesichts seiner Hinwendung zur politischen Ökologie nachvollziehen. Standardisierte Verfahren spielen sowohl in der Wissenschaft und im Recht als auch in der Politik eine entscheidende Rolle. Sie sichern nicht nur deren Existenz, lassen sie fortdauern und bilden Wahrheitsregime aus, sondern stellen auch Kohärenz her und stabilisieren die Praktiken der Versammlung von Kollektiven.[44] Von daher ist es verständlich, dass Latour das Verlaufsprotokoll nicht etwa als bürokratische Formalität abwertet, sondern im Gegenteil zur „experimentellen Metaphysik"[45] erklärt, die auch die politische Praxis betrifft.

Wie er in *Politics of Nature* demonstriert hat, archivieren Verlaufsprotokolle nicht nur materielle Spuren von Versuchen, sie stellen auch Selbstbezüglichkeit her und sichern administrative Kompetenz. Politische Ökologie stellt für ihn so gesehen eine erlernbare Kunst dar, um zu regieren ohne zu beherrschen. Eine solche Regierungskunst, die ihre Gewalt den Verlaufsprotokollen und einem „einfachen und sehr bescheidenen *Lernvertrag*"[46] verdanke, verbindet die Versammlungen der experimentellen Wissenschaft mit denen der Politik. Denn für Latour gibt es „kein Wissen vom öffentlichen Wohl, das nicht selbst zum Gegenstand eines gewissenhaften Experiments werden müsste."[47]

Latours Experimentalpolitik verlagert politische Macht auf die Regulierungsfunktion von Protokollen und auf erlernbare Regierungspraktiken. Im Unterschied zu technischen Protokollen,

44 Die Bedeutung von Verfahrenslogiken für die Subsistenz der Existenzweisen der Wissenschaft (Referenz), des Rechts und der Politik und ihren Modi des Wahrsprechens arbeitet Latour in seinem Buch *Enquête sur les modes d'existence* heraus.

45 Latour, *Das Parlament der Dinge*, 257.

46 Ebd., 260.

47 Ebd.

die ausschließlich den kalkulierten Verlauf von Prozessen kontrollieren, funktionieren diese Steuerungstechniken jedoch nur über Verhandlungen und Übersetzungen innerhalb und zwischen Kollektiven, die nicht über die Fähigkeit der Prognostik verfügen, sondern sich vielmehr lernend vorantasten müssen. Protokolle sind in diesem ausschließlich verfahrenslogischen Sinn provisorische Handlungsanweisungen, die helfen, Verläufe zu rekapitulieren und dadurch unverhofft auftretende Hindernisse leichter zu überwinden. Latour bringt die Diplomatie der Protokolle gleichzeitig gegenüber Vorstellungen einer automatisierten Selbststeuerung in Stellung, denn für ihn kommt es ausschließlich darauf an, in einer Welt aus „insistierenden Realitäten"[48] miteinander auszukommen.

Seine kritische Einstellung gegenüber kybernetischen Kontrollsystemen erster Ordnung kommt auch in seiner Interpretation von Lovelocks Gaia-Hypothese zum Ausdruck, die er in seinen *Gifford Lectures* vorgetragen hat. Latour beeilt sich dort, Lovelock als hellsichtigen Forscher zu beschreiben, der unter dem Denkmäntelchen der Kybernetik intuitiv eine vernachlässigte Handlungsmacht – nämlich Gaia – wieder ins Spiel gebracht habe, und betont zugleich, dass sie Handelnde zusammenbringe, die sich nicht vorab zu einem Ganzen fügen und daher nicht kontrollierbar sind: Gaia „is made up of agents that are not prematurely unified in a single acting totality."[49] Auch wenn Latour wie sein Gewährsmann Lovelock zum Status von Gaia als wissenschaftlich tragfähigem Konzept widersprüchliche Aussagen gemacht hat und, wie Alexander Friedrich zeigt, zu einem metaphorischen Gebrauch des Namens neigt, ist sie für ihn gerade kein geschlossenes selbstregulierendes System, sondern ein offenes Multiversum benachbarter Entitäten und Milieus, das über eine eigene Geschichte verfügt: „Having a history is not the same thing as having been designed."[50]

48 Ebd., 265.

49 Latour, *Facing Gaia*, 87.

50 Bruno Latour, „Gifford Lectures 3: A Secular Gaia," 66.

Mittels dieser Verschiebung der Perspektive tritt Gaias Handlungsmacht aus dem Hintergrund und wird zum Vordergrund. Durch dieses Manöver geraten gleichzeitig bisher vernachlässigte Entitäten – Materieformationen sowie Formen organischen wie anorganischen Lebens gleichermaßen – und deren vielfältigen Relationen in den Blick. Wie Latour ausführt, verfügt jeder der zahlreichen interagierenden Gaia-Akteure Lovelock zufolge über eigene Intentionen und Interessen, manipuliert und modifiziert dementsprechend seine Umgebung auf nicht vorhersehbare Weise, ohne Grenzen zu respektieren und Größenordnungen zu fixieren:

> The inside and outside of all borders are subverted. Not because everything is connected in a "great chain of being"; not because there is some global plan that orders the concatenation of agents; but because the interaction between a neighbor who is actively manipulating his neighbors and all the others who are manipulating the first one defines what could be called waves of action, which respect no borders and, even more importantly, never respect any fixed scale.[51]

Das bedeutet, so interpretiert Latour Lovelocks Hypothese, dass es in einer Welt ‚wechselseitiger Ergreifung' genau genommen, wie Florian Sprenger ausführt, keine Umgebung mehr gibt, sondern nur multiple immanente Prozesse des Werdens – „waves of action" –, durch die sich die Welt unablässig durch die fortschreitende Verkupplung benachbarter Entitäten komponiert: Gaia ist so gesehen nichts anderes als ein Multiversum von Nachbarschaften, von aufeinander einwirkenden Interessen und Werten.

Ihr Außen erhält eine solcherart immer wieder anders komponierte Welt vielmehr durch Verfahren der Exklusion, die jeweils festlegen, welche Entitäten versammelt und zum

51 Latour, *Facing Gaia*, 101.

Sprechen gebracht werden können und welche Entitäten erst in zukünftigen Kompositionen zum Zug kommen werden. Das heißt zugleich, dass die Position dieses Außen gleichermaßen instabil wie insistierend ist, denn, wie Latour ebenfalls betont hat: „Das Außen ist nicht mehr stark genug, um die soziale Welt zum Schweigen zu bringen, aber auch nicht mehr zu schwach, um sich zur Bedeutungslosigkeit verdammen zu lassen."[52] Aus diesem Grund sind Verlaufsprotokolle und Lernfähigkeit für ihn so wichtig: Durch sie entsteht aus Performanz Kompetenz, auf die sich die beteiligten Aktanten rückbeziehen können, ohne dass dadurch Verläufe vorab kalkulierbar werden.[53]

Latours Reserve gegenüber den Steuerungstechniken der Kybernetik erster Ordnung erklärt sich aus der aus seiner Sicht unvordenklichen Eigenlogik und Dynamik experimenteller Verfahren, in denen widerstreitende Interessen und Intentionen unvorhersehbare Verbindungen eingehen und unerwartete Konsequenzen produzieren können.[54] Genau das meint auch Stengers, wenn sie von Kosmopolitik als einer ‚Ethik des Experimentierens' spricht, die Relationen situativ bildet und multipliziert. Welche Komposition die kosmopolitische Versammlung von Kollektiven auch immer annehmen wird, sie wird stets nur mehr oder weniger missgestaltet und alles andere als vorhersehbar und endgültig sein.

Die brisante Frage der Regierbarkeit der Erde rückt damit in ein anderes Licht. Nicht kybernetische Selbststeuerung, sondern selbstbezügliches Lernen einerseits und Mikropolitiken der

52 Latour, *Das Parlament der Dinge*, 265.

53 Zur „Lernkurve" vgl. ebd., 245–51.

54 Bruce Clarke hat herausgestellt, dass die Handlungsmacht von Latours Gaia kompatibel ist mit der Kybernetik zweiter Ordnung, die autopoietische Prozesse in System-Umwelt-Relationen favorisiert. Vgl. Bruce Clarke, „Neocybernetics of Gaia: The Emergence of Second-Order Gaia Theory," in *Gaia in Turmoil: Climate Change, Biodepletion, and Earth Ethics in an Age of Crisis*, hrsg. v. Eileen Crist und Bruce H. Rinker (Cambridge, MA: MIT Press, 2009), 293–314. Auch Latours Insistieren auf kollektiver Lernfähigkeit spielt dem zu.

Exklusion und Inklusion andererseits bestimmen für Stengers und Latour das ökologische Feld der Praktiken im Sinn eines kollektiven Experimentierens. Latours Lob von Bürokratie und Verfahrenslogik als demokratische Regierungstechniken lässt vielmehr an den Pragmatismus Whiteheads denken. Gaia kann so gesehen nur ausgehend von konkreten Interessen und Werten komponiert werden durch Verhandlungen zwischen bzw. Verkupplungen von Entitäten, die es ihnen ermöglichen, das Risiko einzugehen, anderen Entitäten auf Augenhöhe zu begegnen. Wenn sie tatsächlich ein ‚anderer Globus' werden kann, dann ganz sicher kein geschlossenes Ganzes, sondern ein „*cacosmos*"[55] oder „Chaosmos"[56] multipler Interessen und Nachbarschaftsbeziehungen in Gilles Deleuzes und Félix Guattaris Sinn.

Geostories

Um die unabwägbaren Konsequenzen menschlicher Handlungen innerhalb der Geschichte Gaias zu situieren, führt Latour in seinen *Gifford Lectures* den Begriff ‚geostory' ein: „No unity, no universality, no indisputability, no indefeasibility is to be invoked when humans are thrown in the turmoil of geostory."[57] *Anthropos* tritt darin nicht als eine einheitliche Handlungsmacht oder universales Gattungssubjekt auf, sondern als prekärer politischer Körper und unfreiwilliger Agent, der in viele verschiedene Leute und deren Interessen zerstreut ist:

> It is rather the human as a unified agent, as a simple virtual political entity, as a universal concept, that has to be decomposed into several distinct peoples, endowed with contradictory interests, competing territories, and

55 Latour, „Gifford Lectures 1," 17.

56 Vgl. Deleuze, Guattari, *Tausend Plateaus/Mille Plateaux*, 427; sowie Guattaris Buch *Chaosmose* (Paris: Éditions Galilée, 1992).

57 Latour, „Gifford Lectures 3," 73.

> brought together by the warring agents – not to say warring divinities.[58]

Es ist genau diese „dispersion of agents,“[59] die kosmopolitisches Handeln in Zeiten des Anthropozäns herausfordert und Gaia als gleichermaßen konstruierte wie reale Handlungsmacht auszeichnet.

Die ‚anderen Leute,‘ von denen Latour eingangs seiner *Gifford Lectures* spricht, können in dieser Hinsicht selbst als zerstreute Handlungsmacht betrachtet werden. Es kann einer Kosmopolitik auch gar nicht darum gehen, den Widerstreit der Interessen zwischen verschiedenen Entitäten aufzulösen, sondern das Aushandeln von Werten, Beurteilungen und Bedeutungen auf möglichst viele Wesenheiten zu verteilen. Was diese ‚anderen Leute‘ als unabänderlich zerstreute Erdgebundene („Earthbounds“) stattdessen trotz ihrer unterschiedlichen Interessen mit anderen Entitäten verbindet, ist die Notwendigkeit, nur durch Alterierung und in Symbiose mit anderen Wesenheiten die eigene Existenz sichern zu können.

Wenn nun Latour Gaias wechselvolle Geschichte als Narrativ neben die Protokolle und Lernkurven der Experimentalpolitik setzt, dann hat das seinen Grund nicht zuletzt in seiner Ablehnung kybernetischer Kontrollphantasien und ökologischer Gleichgewichtsmodelle. Dennoch benutzt er, wie Florian Sprenger zeigt, das Vokabular der Kybernetik und propagiert Wiederholungsschleifen („loops“), die Gaias Sensitivität bekunden sollen. Angesichts aktueller Herausforderungen einer Kybernetik, die Techniken des *bioengineering* und *environmental management* entwickelt, erscheint sein Insistieren auf Gaia als wieder versammelnde Handlungsmacht zerstreuter Aktanten jedoch seltsam unzeitgemäß.

58 Latour, *Facing Gaia*, 122.

59 Bruno Latour, „Gifford Lectures 4: Anthropocene and the Globe Theatre,“ 81.

In seinem 2014 erschienenen Aufsatz „Agency at the Time of the Anthropocene" hat Latour noch einmal Gaias spezifische Handlungsmacht beleuchtet, die als Subjekt der Geschichte andere Erzählungen ermöglichen soll. Mit dieser Wendung verabschiedet er sich von systemtheoretischen und kybernetischen Gaia-Modellen. Stattdessen bezieht er sich nun auf Michel Serres' Buch *Le contrat naturel*, in dem dieser bereits 1990 die Erde als Subjekt des Rechts eingesetzt hat: „Tatsächlich spricht die ERDE mit uns in Begriffen von Kräften, Verbindungen und Interaktionen, und das genügt, um einen Vertrag zu schließen."[60] Als *geostory* bezeichnet Latour entsprechend Formen des Erzählens, die über gut komponierte Arrangements hinausweisen und die Vielstimmigkeit des Kosmos herausstellen.[61] Mit *Gaia* als Subjekt der Geschichte tritt auch die Naturgeschichte gegenüber der Geschichte der Menschen in den Vordergrund. Durch diese neuerliche Wendung geraten wiederum andere Zonen des Experimentierens in den Blick. Es handelt sich für Latour dabei um einen transformativen Zwischenbereich („‚metamorphic zone'"), „where we are able to detect actants *before* they become actors; where ‚metaphors' *precede* the two sets of connotations that will be connected; where ‚metamorphosis' is taken as a phenomenon that is *antecedant* to all the shapes that will be given to agents."[62]

In diesem transformativen Zwischenbereich werden Latour zufolge Relationen gestiftet, die den Relata vorausgehen, finden Transformationen statt, bevor Formen Gestalt annehmen, emergieren ökologische Praktiken, die Prozesse des Werdens in Gang setzen und damit eine zukünftige Welt komponieren, in der viele verschiedene Entitäten koexistieren. Jede politische Ökologie ist für ihn auf diesen Zwischenbereich angewiesen, in dem sich eine gemeinsame Welt allmählich auf der Basis von Relationen komponiert. Für diese progressive Komposibilität

60 Michel Serres, *Der Naturvertrag* (Frankfurt am Main: Suhrkamp, 1994), 71.

61 Vgl. Bruno Latour, „Agency at the Time of the Anthropocene," *New Literary History* 45 (2014), 1–18, bes. 4.

62 Ebd., 15.

der Welt sei es deshalb entscheidend, „to *distribute* agency as far and as *differentiated* a way as possible."[63] Die progressive Verteilung von Handlungsmacht ermöglicht es demnach, Entitäten unabhängig von Grenzen und Skalierungen zu versammeln und das Risiko ihrer alternierenden Existenz gemeinsam zu tragen: „For all agents, acting means having their existence, their subsistence, *coming from the future to the present*, they act as long as they run the risk of bridging the gap of existence – or else they disappear altogether."[64] Das heißt, nur wenn alle Entitäten das Risiko zu alternieren auf sich nehmen, wird es ihnen gelingen, gemeinsam fortzudauern, denn zu existieren heißt für Latour, die Diskontinuitäten zu bewältigen, die jede Existenzweise herausfordern.[65]

Zugegebenermaßen klingen solche Formulierungen reichlich abstrakt. Welche konkreten Praktiken könnten eine solche kosmopolitische Aufgabe einlösen? Welche Anstrengungen müssten konkret unternommen werden, um solche multiplen Versammlungen heterogener Entitäten zu verwirklichen? Wie könnte eine ökopolitische Praxis im Alltag und im Detail aussehen? Zur Beantwortung dieser Fragen findet man bei Latour kaum Anhaltspunkte. Jedenfalls glaubt er nicht, dass Klimakonferenzen entscheidende Impulse setzen werden, um die drängende Frage zu beantworten, welche Welt wir in Zukunft mit wem oder was bewohnen wollen.

63 Ebd., 17. Latours Begriff der Distribution erinnert an Michel Serres, der sie ausgehend von der antiken Physik als Verteilung von Atomen, Punkten und Dingen bestimmt. Vgl. Michel Serres, *Hermès IV: La distribution* (Paris: Les Éditions de Minuit, 1977).

64 Latour, „Agency at the Time of the Anthropocene," 13f.

65 Diesen Grundgedanken hat Latour in *Enquête sur les modes d'existence* entfaltet: „Um zu existieren, muss ein Wesen nicht nur seinen Weg *durch ein anderes* nehmen [NET], sondern auch *auf eine andere Weise* [PRÄ]." Bruno Latour, *Existenzweisen: Eine Anthropologie der Modernen* (Frankfurt am Main: Suhrkamp, 2014), 111.

Andere Geschichten

Unterstützung erfährt Latours Gaia-Interpretation jedoch ausgerechnet von feministischen Theoretikerinnen wie Donna J. Haraway, die eine Verbindung zwischen dessen Vorstellung einer zunehmend komponierten Welt und ihren eigenen Überlegungen zu Fadenspielen und Praktiken des Kompostierens zieht. Für sie ist Latour, wie sie in einem aktuellen Artikel bekennt, „a compositionist intent on understanding how a common world, how collectives, are built-with each other, where all the builders are not human beings."[66] An gleicher Stelle betont Haraway, dass Latour – wie sie selbst und ebenfalls Stengers – ein ernsthafter Materialist sei, der sich dem Projekt einer Ökologie der Praktiken verschrieben habe. Diesem Lob fügt sie jedoch den Ratschlag hinzu, andere Geschichten über Gaia zu erzählen.

Offene Kritik an Latours strategisch durchaus eigenmächtiger An- oder besser Enteignung von Lovelocks und Margulis' Konzeption von Gaia als selbstregulierendem System findet man hingegen bei Haraway nicht. Gaia ist für sie wie für Stengers in erster Linie ein wissenschaftspolitisches und mehr noch ein ethisches Konzept, das im Sinne einer Ökologie der Praktiken eher an Vorstellungen von Diversität und Egalität anschließbar ist als an Vorstellungen von Funktionalität und systemischer Geschlossenheit. Haraways Bevorzugung von Begriffen wie ‚Kompost' oder ‚Kompostieren' kann man durchaus als ironischen Kommentar zu Latours häufig benutztem Begriff des Komponierens lesen.

Der Bezug auf Gaia ist aus feministischer Perspektive zugleich eine Stellungnahme zur eigenen (exzentrischen) Position als Wissenschaftlerin. Daher Haraways Rat, *andere* Geschichten über Gaia zu erzählen. Wer also über diese Allianz mit dem französischen Wissenschaftshistoriker und Soziologen erstaunt

66 Donna J. Haraway, „Staying With the Trouble: Anthropocene, Capitalocene, Chthulecene," in *Anthropocene or Capitalocene? Nature, History, and the Crisis of Capitalism*, hrsg. v. Jason W. Moore (Oakland: PM Press, 2016), 46.

ist, hat den strategischen Einsatz des Konzepts verpasst. Denn längst geht es einer gleichermaßen materialistischen wie feministischen Wissenschaftstheorie nicht nur darum, das Leben auf der Erde anders zu komponieren, sondern es zu kompostieren und damit in Stoffkreisläufe einzuspeisen, die nichts Geringeres tun, als materielle Unterschiede zwischen verschiedenen Lebensformen oder Seienden aufzuheben.

Bleibt noch eine Frage zu klären: Was macht Gaia zur größten Tricksterin unserer Zeit? Eines ist sicher: Sie ist gleichermaßen real und konstruiert. Aber ist sie auch – mit Latour gesprochen – eine gute, eine gelungene Konstruktion, die zugleich wahr ist? Gelungen ist sie in seinem Sinn nur dann, wenn sie zum Handeln verführt, wenn sie Handelnde instauriert, die Wesenheiten provisorisch und auf stets andere Art komponieren. Wenn Gaia heute im Zentrum der Überlegungen Latours zu einer wahren Anthropologie der Modernen steht, dann weil sie die schlecht konstruierten, gleichwohl noch immer wirksamen Dualismen der Modernen zugunsten eines „ontologischen Pluralismus“[67] aushebeln soll. Gaia stellt so gesehen ein nicht kalkulierbares Risiko des Seins dar: Sie ist nicht feststellbar, ihre Handlungen sind nach menschlichen Maßstäben weder vorhersehbar noch berechenbar und sie wird uns immer überraschen. Isabelle Stengers hat herausgestellt, was das für eine kosmopolitische Ökologie der Praktiken bedeutet. Ihr gebührt daher das letzte Wort: *„[C]haque fois qu'un être pose le problème de ses conditions d'existence, il relève d'une approche* écologique.“[68]

67 Latour, *Existenzweisen*, 214.

68 Stengers, „Qui est l'anthropos de l'Anthropocène?,“ 6 [„Jedes Mal, wenn ein Seiendes die Bedingungen seiner Existenz problematisiert, bedient es sich einer ökologischen Vorgehensweise.“ Übers. v. PL].

Bibliografie

Beck, Ulrich. *Der kosmopolitische Blick oder: Krieg ist Frieden*. Frankfurt am Main: Suhrkamp, 2004.

Bolz, Norbert, Friedrich Kittler und Raimar Zons, Hg. *Weltbürgertum und Globalisierung*. München: Fink, 2000.

Clarke, Bruce. „Neocybernetics of Gaia: The Emergence of Second-Order Gaia Theory." In *Gaia in Turmoil: Climate Change, Biodepletion, and Earth Ethics in an Age of Crisis*, hrsg. v. Eileen Crist und Bruce H. Rinker, 293–314. Cambridge, MA: MIT Press, 2009.

Deleuze, Gilles und Félix Guattari. *Mille Plateaux/Tausend Plateaus*. Übersetzt von Gabriele Ricke und Rouald Voullié. Berlin: Merve, 1997.

Fuller, Matthew. *Media Ecologies: Materialist Energies in Art and Technology*. Cambridge, MA/London: MIT Press, 2005.

Guattari, Félix. *Les trois écologies*. Paris: Éditions Galilée, 1989.

Guattari, Félix. *Chaosmose*. Paris: Éditions Galilée, 1992.

Haraway, Donna J. „Situated Knowledges: The Science Question in Feminism and the Privilege of Partial Perspective." *Feminist Studies* 14, Nr. 3 (1988): 575–599.

Haraway, Donna J. *When Species Meet*. Minneapolis/London: University of Minneapolis Press, 2008.

Haraway, Donna J. „Staying With the Trouble: Anthropocene, Capitalocene, Chthulecene." In *Anthropocene or Capitalocene? Nature, History, and the Crisis of Capitalism*, hrsg. v. Jason W. Moore, 34–76. Oakland: PM Press, 2016.

James, William. *The Will to Believe and Other Essays in Popular Philosophy*. Cambridge, MA/London: Harvard University Press, 1979.

Kant, Immanuel. *Zum ewigen Frieden: Ein philosophischer Entwurf*. Königsberg: Friedrich Nivolovius, 1795.

Latour, Bruno. *Pandora's Hope: An Essay on the Reality of Science Studies* (Cambridge, MA: Harvard University Press, 1999).

Latour, Bruno. „Waiting for Gaia: Composing the Common World through Arts and Politics." Vortrag am French Institute, London, 21. November 2011. Letzter Zugriff 15. Januar 2017, http://www.bruno-latour.fr/sites/default/files/124-GAIA-LONDON-SPEAP_0.pdf, 8.

Latour, Bruno. *Politics of Nature: How to Bring the Sciences into Democracy*. Cambridge, MA: Harvard University Press, 2004. Deutsche Ausgabe: *Das Parlament der Dinge: Für eine politische* Ökologie (Frankfurt am Main: Suhrkamp, 2012).

Latour, Bruno. *Enquête sur les modes d'existence*. Paris: La Découverte, 2012.

Latour, Bruno. „Gifford Lectures: Facing Gaia - Six Lectures on the Political Theology of Nature." Edinburgh, 18. bis 28. Februar 2013. Letzter Zugriff 9. Dezember 2017, http://www.bruno-latour.fr/sites/default/files/downloads/GIFFORD-ASSEMBLED.pdf.

Latour, Bruno. *Existenzweisen: Eine Anthropologie der Modernen*. Frankfurt am Main: Suhrkamp, 2014.

Latour, Bruno. „Agency at the Time of the Anthropocene." *New Literary History* 45 (2014): 1-18.

Latour, Bruno. *Facing Gaia: Eight Lectures on the new Climatic Regime*. Cambridge: Polity Press, 2017.

Schmitt, Carl. *Der Nomos der Erde im Jus Publicum Europaeum*. Berlin: Duncker & Humblot, 1974.

Serres, Michel. *Hermès IV: La distribution*. Paris: Les Éditions de Minuit, 1977.

Serres, Michel. *Der Naturvertrag*. Frankfurt am Main: Suhrkamp, 1994.

Souriau, Étienne. *L'instauration philosophique*. Paris: F. Alcan, 1939.

Souriau, Étienne. *Les différents modes d'existence: Suivi „De l'œuvre à faire."* Paris: PUF, 1943.

Stengers, Isabelle. *L'invention des sciences modernes*. Paris: La Découverte, 1993.

Stengers, Isabelle. „Der kosmopolitische Vorschlag." In *Spekulativer Konstruktivismus: Mit einem Vorwort von Bruno Latour*, hrsg. v. Isabelle Stengers, 153–58. Berlin: Merve, 2008.

Stengers, Isabelle. *Cosmopolitics I: The Science Wars*. Übersetzt von Robert Bononno (Minneapolis/London: University of Minnesota Press, 2010).

Stengers, Isabelle. „Matters of Cosmopolitics: On the Provocations of Gaia." Isabelle Stengers in Conversation with Heather Davis and Etienne Turpin. Letzter Zugriff 1. Mai 2015, http://quod.lib.umich.edu/o/ohp/12527215.0001.001/1:19/--architecture-in-the-anthropocene-encounters-among-design?rgn=div1;view=-fulltext.

Stengers, Isabelle. „Gaia, the Urgency to Think (and Feel)." Letzter Zugriff 9. Februar 2017, https://osmilnomesdegaia.files.wordpress.com/2014/11/isabelle-stengers.pdf.

Whitehead, Alfred N. *Die Funktion der Vernunft*. Stuttgart: Reclam, 1974.

GAIA

COMPUTERSPIEL

SYSTEM DYNAMICS

SIMEARTH

DAISYWORLD

COMPUTERSIMULATION

KLIMAWANDEL

[4]

Spiel mit Gaia

Niklas Schrape

James Lovelocks Vision der Erde als lebendiges kybernetisches System wird wieder populär. Überraschenderweise heißt der neue Prediger von Gaia Bruno Latour. Er benutzt das Konzept für ein holistisches Verständnis der Erde, in welchem die Menschheit einen integralen Bestandteil bildet. Gaia wird so zum Katalysator und Fundament von Latours philosophischem Versuch, ein neues Glaubenssystem im Zeitalter der ökologischen Krisen zu gestalten. Das Gaia-Konzept ist jedoch von einer Spannung zwischen der Idee einer mächtigen, aber indifferenten Natur und der groß angelegten Vision totaler Kontrolle über diese Natur geprägt. Diese Spannung ist tief in kybernetischem Denken

verwurzelt. Dies ist nicht nur in Lovelocks Schriften erkennbar, sondern auch in den Simulationsprogrammen, die auf der Gaia-Hypothese beruhen, wie das *Daisyworld*-Modell und das Computerspiel *SimEarth: The Living Planet* (1991). Der Aufsatz unterscheidet in diesem Kontext Lovelocks von Latours Konzept und verortet beide im Hinblick auf die Kybernetik erster und zweiter Ordnung sowie zwei unterschiedlichen Herangehensweisen zu Computersimulationen: System Dynamics und zellulären Automaten.

> *I would try to be a God that surprised himself. (Laughter.) I think being the all-knowing God would be, you know, hell.*
> *– Will Wright, creator of SimEarth*[1]

Gaia nimmt eine Schlüsselrolle in Bruno Latours Projekt ein, die Naturwissenschaften neu zu definieren und den Glauben an objektive Wahrheit durch ein pluralistisches Konzept der Existenzmodi zu überwinden. Er versteht Gaia als Katalysator, der die Menschheit zwingt, ein neues Verständnis der Beziehung von Natur und Kultur zu entwickeln – eines, in dem die Natur eben nicht länger ein passives Objekt ist, das objektiv erforscht und durch kulturelle Errungenschaften beherrscht werden kann.

1 Celia Pearce, „Sims, BattleBots, Cellular Automata God and Go: A Conversation with Will Wright by Celia Pearce," *Game Studies* 2, Nr. 1 (2002), letzter Zugriff 3. Juli 2014, http://www.gamestudies.org/0102/pearce/.

Aber Latours Lesart von Gaia ist keinesfalls die einzig mögliche. Mehr noch, sie unterscheidet sich substanziell von derjenigen des Schöpfers der Hypothese: James Lovelock. Die Gaia-Hypothese birgt nämlich eine bemerkenswerte Spannung: zwischen der Vorstellung einer erhabenen Natur, die den Bedürfnissen der Menschen gleichgültig gegenübersteht, und der grandiosen Vision totaler Kontrolle über das System Erde. Diese Spannung zeichnet sich nicht nur in theoretischen Texten ab, sondern auch in Simulationsprogrammen, die auf der Gaia-Hypothese beruhen – beispielsweise im *Daisyworld*-Modell und im Computerspiel *SimEarth: The Living Planet* (1991). Der folgende Artikel wird herausarbeiten, wie Lovelocks Gaia sich von Latours Gaia unterscheidet, und diskutieren, wie diese Perspektiven mit den zwei substanziellen Ansätzen der Kybernetik (erster und zweiter Ordnung) und mit Computersimulationen (dynamische Systeme und zelluläre Automaten) in Beziehung stehen.

Latours Gaia

Gaia approaches

– Bruno Latour

Für Latour verspricht „Gaia" die Chance, die Beziehungen zwischen Natur und Gesellschaft in Zeiten ökologischer Krisen neu zu definieren. Gaia impliziert ein holistisches Verständnis, in dem die Menschheit und die Biosphäre der Erde untrennbar verbunden und ineinander verwoben sind. Indem er das unmittelbare Bevorstehen dieses Zustands beschwört, drängt Latour auf die Notwendigkeit einer neuen Art des Denkens, um der drohenden Gefahr des Klimawandels entgegenzutreten. Aber Gaia ist bei Latour nicht nur das konzeptuelle Objekt, sondern auch das Subjekt der Aussagen: „Gaia naht." Für Latour ist Gaia ein Akteur, mit dem die Menschheit in Konfrontation tritt.[2] Gaia ist beides: Konzept und Wirkungsmacht. Die Tatsächlichkeit des Klimawandels zwingt die Wissenschaften zum Überdenken ihres Naturverständnisses. Gleichzeitig ist der Klimawandel von den Wissenschaften selbst durch Vermessungen, Modelle und Computersimulationen konzeptuell konstruiert: Die Idee des Klimawandels ist gemacht, auch wenn sie auf Datenspuren basiert. Das gilt auch für die Idee Gaias.

Nach Latour steht die Menschheit am Scheideweg zwischen Ökologisierung und Modernisierung.[3] Sollen wir die Objektivierung der Erde durch Technowissenschaften weiter vorantreiben, um die leblose Natur zu beherrschen? Oder sollen wir uns als Teil einer lebenden globalen Ökologie neu begreifen? Latour befürwortet Letzteres, ist sich aber bewusst, dass die schlichte Dekonstruktion des Wertesystems der Moderne nicht genug ist, um den Wandel einzuläuten. Nötig sei eine Assemblage positiver Werte, eine neue Art des Denkens, ein neues ökologisches Glaubenssystem, begründet in der Figur Gaias:

> It is now before Gaia that we are summoned to appear: Gaia, the odd, doubly composite figure made up of science and mythology used by certain specialists to designate the Earth that surrounds us and that we surround, the Möbius strip of which we form both the inside and the outside, the truly global Globe that threatens us even as we threaten it.[4]

Latour schreibt über den „Rückruf der Moderne" (*recalling modernity*) – und zwar im wörtlichen Sinne. Die Moderne zurückzurufen suggeriert ein Besinnen und Hinterfragen der ihr zugrundeliegenden Annahmen, aber auch die Möglichkeit, sie völlig neu zu gestalten. Für Latour sind die Metaphysiken der Moderne defekt und müssen ersetzt werden – genau so wie

2 Bruno Latour, *An Inquiry into Modes of Existence: An Anthropology of the Moderns* (Cambridge: Harvard University Press, 2013), 10.

3 Ebd., 8.

4 Ebd., 9f.

der beschädigte Motor eines Autos. Eine solche Neugestaltung kann nicht von einem einsamen Philosophen vollzogen werden. Latour erkennt, dass ein diplomatisches Vorgehen vonnöten ist. Daher malt er sich einen großen Verhandlungsprozess aus, in den alle möglichen Existenzweisen (*modes of existence*) gleichberechtigt eintreten. Die Logiken, Annahmen und Prämissen von Religion, Wissenschaft, Recht etc. sollen öffentlich diskutiert werden. Dabei behauptet er nicht, eine brandneue und direkt verwendbare Metaphysik parat zu haben, insistiert aber auf deren Notwendigkeit. Seine Abhandlung will nur der Beginn eines Prozesses sein, an dessen Endpunkt idealerweise eine neue Metaphysik geboren wird. Die rätselhafte Denkfigur „Gaia" ist dabei Geburtshelferin.

Gaias zwei Gesichter

Ein naheliegender Einwand gegen die Gaia-Hypothese ist, dass eine planetare Regulierung der Atmo-, Bio- und Geosphäre willentliches Handeln und somit ein globales Bewusstsein erfordert – was absurd erscheint.[5] Lovelock jedoch ist anderer Meinung: Für ihn ist Gaia einfach nur ein kybernetisches System mit der Kapazität der Selbstregulierung – Bewusstsein ist nicht notwendig. Das ganze Konzept Gaias ist also nur auf Grundlage der Kybernetik denkbar. Das kybernetische Vokabular Lovelocks ist dabei unmittelbar evident. Er beschreibt Gaia als „active adaptive control system," bestehend aus Feedbackschleifen, die Gleichgewichtszustände anstreben. Gaia erscheint als ein sich selbst regulierender Organismus höherer Ordnung, der aus dem Zusammenspiel belebter und unbelebter Materie erwächst – ein Superorganismus wie ein Bienenstock. Doch Lovelock kann Gaia nur deswegen als Superorganismus definieren, da Organismen

5 Siehe beispielsweise W. Ford Doolittle, „Is Nature Really Motherly?" *The CoEvolution Quarterly*, Nr. 29 (Spring 1981) und: Richard Dawkins, *The Extended Phenotype: The Long Reach of the Gene* (Oxford: Oxford University Press, 1982). Hier vor allem Kapitel 13.

in der kybernetischen Theorie bereits zuvor als Systeme beschrieben wurden.[6] Lovelock ist sich Gaias Verwurzelung in der Kybernetik dabei sehr bewusst. Das wird beispielsweise daran deutlich, dass er sie explizit mit biologischen, logistischen und technischen Systemen vergleicht:

> [W]hether we are considering a simple electric oven, a chain of retail shops monitored by a computer, a sleeping cat, an ecosystem, or Gaia herself, so long as we are considering something which is adaptive, capable of harvesting information and of storing experience and knowledge, then its study is a matter of cybernetics and what is studied can be called a ‚system.'[7]

Die mächtigsten Speichermodule Gaias sind für ihn dabei die Gene ihrer Lebensformen: „By transmitting coded messages in the genetic material of living cells, life acts as repeater, with each generation restoring and renewing the message of the specifications of the chemistry of early Earth."[8] Gaia funktioniert wie ein immenser Computer mit außergewöhnlich langen Prozesszyklen. Aber dieser Computer entspricht nicht der klassischen Von-Neumann-Architektur, denn er verfügt über keinen Zentralprozessor. Stattdessen erwachsen die Informationsprozesse aus einem Zusammenspiel verbundener, aber unabhängiger Komponenten.

Die Nähe Gaias zur Kybernetik und Informationstechnologie wird noch deutlicher, wenn man bedenkt, dass das stärkste Argument für Lovelocks Hypothese in einer Computersimulation besteht: dem berühmten *Daisyworld*-Modell, durch das Lovelock

6 Vgl. Norbert Wiener, *Cybernetics: Or Control and Communication in the Animal and the Machine* (Cambridge, MA: MIT Press, 1948) und Ludwig von Bertalanffy, *General System Theory: Foundations, Development, Applications* (New York: George Braziller, 1968).

7 Lovelock, James E. *Gaia*. Oxford: Oxford University Press, 1979, 57.

8 Lovelock, James E. *Ages of Gaia*. Oxford: Oxford University Press, 1995 [1988], 164.

die Mechanismen planetarer Selbstregulation verdeutlichte.[9] Dafür erschuf er das abstrakte Modell eines Planeten, auf dem nur Gänseblümchen (*daisies*) existieren: schwarze und weiße. Während des Laufs der Simulation wird der Faktor der Intensität der Sonneneinstrahlung stetig erhöht (wie es bei allen Sonnen der Fall ist), wodurch sich der Planet zunehmend erhitzt. Das Zusammenspiel der schwarzen und weißen Gänseblümchen sowie der Sonne und des Planeten ist dabei durch miteinander verkoppelte Differenzialgleichungen aus der Populationsökologie und Physik modelliert: Zu Beginn haben schwarze Gänseblümchen einen evolutionären Vorteil, da sie mehr Hitze absorbieren können. So vermehren sie sich und leisten der Aufheizung des Planeten Vorschub. Mit der wachsenden Intensität der Sonne erweisen sich jedoch weiße Gänseblümchen als evolutionär geeigneter, da sie das Licht besser reflektieren. Nun vermehren sie sich und verdrängen ihre schwarzen Cousins. Der sogenannte Albedo-Effekt, die Reflektion einstrahlenden Sonnenlichts, kühlt den Planeten wieder etwas ab. Wenn die Sonneneinstrahlung noch weiter zunimmt, sterben aber auch die weißen Gänseblümchen. Das Resultat dieser Dynamik ist überraschend: Zunächst verstärken schwarze Gänseblümchen die Erhitzung des Planeten durch positives Feedback, doch dann wird sie durch das negative Feedback der weißen gebremst. Durch diese Wechselwirkung entsteht ein erstaunlich lang anhaltendes Temperaturplateau, trotz stetig steigender Sonneneinstrahlung. Die Dynamiken in *Daisyworld* resultieren also in einer planetaren Selbstregulation der Temperatur.

Daisyworld ähnelt strukturell den systemdynamischen Modellen von Jay Forrester.[10] Auch sie bestehen aus verkoppelten

9 Vgl. James E. Lovelock, „Biological Homeostasis of the Global Environment: The Parable of Daisyworld," *Tellus: Series B* 35 (1983) sowie Lovelock, „Ages of Gaia," 41ff.

10 Jay Forrester, *Urban Dynamics* (Waltham, MA: Pegasus Communications, 1969). Jay Forrester, *World Dynamics* (Cambridge, MA: Wright-Allen Press, 1971).

Differenzialgleichungen, welche komplexe Feedbackschleifen formen. Die Modellierungstechnik entspringt dabei direkt dem kybernetischen Diskurs der 1950er Jahre. Ein berühmtes Beispiel ist das *World 3*-Modell, welches auf Forresters *World Dynamics* (1971) basiert. Bekannt wurde es durch den Club of Rome, der es verwendete um das Schwinden natürlicher Ressourcen zu untersuchen, was im viel rezipierten Buchs *The Limits to Growth* (1972) mündete.[11]

Wie man also sehen kann, ist Gaia nicht nur theoretisch in der Kybernetik verwurzelt – auch das stärkste Argument für die Hypothese zieht seine Kraft aus einem kybernetischen Modell. Gaia erscheint als Inbegriff des kybernetischen Gedankenguts. Überraschenderweise versteht Latour das Konzept jedoch ganz anders:

> The term proposed by James Lovelock to define a composite being corresponding to the character Earth (the Ge of mythology). Feedback loops highlighted by Lovelock evoke the possibility of a living Earth not in the sense of an organism or even an organization but in the sense of a simple assemblage of loops that achieve equilibrium by chance, according to the Darwinian model proposed in the name ‚Daisyworld.' This character's particular interest derives from the precise fact that she is not unified.[12]

Die von Latour erwähnten Feedbackschleifen Gaias verweisen auf ihren Ursprung in der Kybernetik. Ganz bewusst definiert er sie jedoch nicht als System. Stattdessen ist Gaia für ihn ein „composite corresponding to the character Earth." Damit personifiziert Latour die Erde als Agenten – jedoch nicht als vereinte Ganzheit, sondern als Komposition vieler Einzelteile. Um diesen vermeintlichen Widerspruch aufzulösen, beschreibt Latour Gaia

11 Donella H. Meadows et al., *The Limits to Growth* (New York: Universe Books, 1972).

12 Definition von Gaia in der Vokabelliste von www.modesofexistence.org, letzter Zugriff 6. Juni 2014.

als eine „simple assemblage of loops that achieve equilibrium by chance." So gelesen sind Momente des Gleichgewichts bzw. der Homöostase die Konsequenz eines ständig werdenden und unvorhersehbaren Prozesses – kleine Inseln der Stabilität in einem sich immerwährend verändernden Strom.

Latours Gaia ist sowohl ein sich stetig entwickelnder Verbund lebendiger (z. B. Bakterien) und nicht-lebendiger Agenten (z. B. Steine), als auch eine umstrittene Hypothese basierend auf lokal situierten Messwerten und technischen Instrumenten. Seine Gaia ist allem immanent: Es handelt sich um eine lebendige Assemblage von Entitäten, eng verwoben mit der Gesellschaft – und als Hypothese äußerst strittig. So wird Gaia zur großen Alternative: zu Gott und zur Natur (s. Tabelle 1).

Ideale Natur (nach Latour)	**Idealer Gott (nach Latour)**	**Gaia (eigene Interpretation)**
Außen (transzendent)	Extern (transzendent)	Innen (immanent)
Einheit	Einheit	Vielheit
Unbelebt	Über-belebt	Belebt
Unbestreitbar	Unbestreitbar	Bestreitbar

Tabelle 1: Natur, Gott und Gaia

Irritierend ist, dass Latour Gaia als essenziell anti-kybernetisch beschreibt. Für ihn sind Gaias kybernetische Wurzeln eher problematisch, da er die Kybernetik an die traditionellen Ideale der Wissenschaft gebunden sieht, die er überwinden will: Objektivität, Universalität und das Streben nach der Kontrolle über die Natur.[13] In der Tat konzipierte Norbert Wiener[14] die frühe Kybernetik als Theorie der Kontrolle und die Systemtheorie

13 Latour, Bruno. „Gifford-Lectures: Facing Gaia – Six Lectures on the Political Theology of Nature", Edinburgh, 18. bis 28. Februar 2013. Letzter Zugriff 9. Dezember 2017, http://www.bruno-latour.fr/sites/default/files/downloads/GIFFORD-ASSEMBLED.pdf.

14 Wiener, *Cybernetics*.

 nach Ludwig von Bertalanffy[15] hatte die Vereinigung der Wissenschaften als explizites Ziel.

Es besteht eine Spannung zwischen Latours Lesart der Gaia-Hypothese und Lovelocks Wortwahl. Das wirft die Frage auf, ob beide auch tatsächlich von der selben Sache reden. Die Differenz könnte allerdings durch die Fortentwicklung der kybernetischen Theorie selbst erklärbar sein: Lovelock entwickelte seine Hypothese unter dem Einfluss der sogenannten Kybernetik erster Ordnung. Das zeigt sich insbesondere daran, dass er weder auf von Foersters[16] Konzept der *Rekursion*, noch auf das der *Autopoiesis* von Maturana und Varela[17] hinweist. Auch Latour tut das nicht. Allerdings fließen in die spätere Weiterentwicklung der Gaia-Hypothese (insbesondere durch Lynn Margulis) Konzepte einer Kybernetik zweiter Ordnung ein, wie Bruce Clarke bemerkt:

> Simply put, first-order cybernetics is about control; second-order cybernetics is about autonomy. [...] Unlike a thermostat, Gaia – the biosphere or system of all ecosystems – sets its own temperature by controlling it. [...] In second-order parlance, Gaia has the operational autonomy of a self-referential system. Second-order cybernetics is aimed, in particular, at this characteristic of natural systems where circular recursion constitutes the system in the first place. [...] [N]atural systems – both biotic (living) and metabolic (super organic, psychic, or social) – are now described as at once environmentally open (in the non equilibrium

15 Bertalanffy, *General System Theory.*

16 Vgl. z. B. Heinz von Foerster, „On Constructing a Reality," in *Understanding Understanding: Essays on Cybernetics and Cognition*, hrsg. v. Heinz von Foerster (New York: Springer, 2002 [1973]). Das Konzept der Rekursion untergräbt die Idee der Kausalität. Es postuliert einen gegenseitigen und iterativen Effekt des Zusammenspiels verschiedener Systemkomponenten: Organisatorische Strukturen entstehen aus Rekursion und nicht aufgrund von einfacher Kausalität.

17 Vgl. z. B. Humberto R. Maturana und Francisco J. Varela, *Autopoiesis and Cognition: The Realization of the Living* (Dordrecht/Boston/London: Reidel Publishing, 1980 [1972]).

> thermodynamic sense) and operationally (or organisationally) closed, in that their dynamics are autonomous, that is, self-maintained and self-controlled.[18]

Clarke zufolge hat Margulis unter Varelas Einfluss die Metapher des Thermostats in ihren späteren Arbeiten fallen gelassen und sich stattdessen auf die autopoietischen Qualitäten von Gaia fokussiert.[19] Aus dieser Perspektive ist Gaia nicht primär ein System aus Feedbackschleifen, das beschrieben, analysiert, kontrolliert oder sogar gebaut werden kann. Vielmehr ist sie eine sich stets entwickelnde und werdende Entität, die aus einem co-evolutionären Zusammenspiel aus lebender und nicht-lebender Materie entsteht. Diese autopoietische Konzeption von Gaia ähnelt Latours Verständnis einer lebendigen, sich entwickelnden Assemblage. Vor allem aber sind in dieser Variante Gaias die Struktur und Komponenten des Systems Erde nicht einfach gegeben – sie entstehen vielmehr erst im Rahmen erdgeschichtlicher Ereignisse und kontingenter Verläufe. Latour hebt diesen Punkt hervor, wenn er sich Lovelocks Überlegungen zum Einfluss urzeitlicher Bakterien auf die Zusammensetzung der Atmosphäre zu eigen macht:

> If we now live in an oxygen-dominated atmosphere, it is not because there is a preordained feedback loop. It is because organisms that have turned this deadly poison into a formidable accelerator of their metabolisms have spread. Oxygen is not there simply as part of the environment but as the extended consequence of an event continued to this day by the proliferation of organisms.[20]

18 Bruce Clarke, „Neocybernetics of Gaia: The Emergence of Second-Order Gaia Theory," in *Gaia in Turmoil: Climate Change, Biodepletion, and Earth Ethics in an Age of Crisis*, hrsg. v. Eileen Crist und Bruce H. Rinker (Cambridge, MA: MIT Press, 2009), 296.

19 Vgl. z. B.: Lynn Margulis und Dorion Sagan, *What is life?* (Oakland, CA: University of California Press, 2000).

20 Latour, „Facing Gaia," 71.

Latours Verständnis der Rolle des Sauerstoffs in der Evolution zeigt, wie wenig Lovelocks *Daisyworld*-Modell *sein* Verständnis Gaias trifft: Die Feedbackschleifen in *Daisyworld* sind Produkte eines Ingenieurs. Ihr Zweck ist es, einen Mechanismus zu verdeutlichen. Sie erwachsen nicht aus kontingenten und wandelbaren Bedingungen. Deswegen kann *Daisyworld* nicht überraschen. Nur wenige verschiedene Verläufe können während wiederholter Simulationsverläufe realisiert werden. Um ein Konzept der Computerspieltheorie zu Hilfe zu nehmen: der *Möglichkeitsraum* in *Daisyworld* ist sehr beschränkt.[21]

Daisyworld passt jedoch sehr gut zu Lovelocks Verständnis von Kybernetik. Schließlich ist er ein Erfinder, der stets gerne mit seinen selbstgebauten wissenschaftlichen Instrumenten spielt. Er beschreibt Feedbackschleifen und Mechanismen – und wer das tut, der fantasiert möglicherweise auch davon, sie zu kontrollieren. Tatsächlich beschreibt Lovelock die Möglichkeiten des *geoengineering*[22] und ist sogar Co-Autor eines Buchs über die Terraformung des Mars.[23] In Anbetracht dessen muss Lovelocks ursprüngliche Gaia-Hypothese erster Ordnung von einer Gaia-Hypothese zweiter Ordnung unterschieden werden, welche später von Autoren wie Margulis entwickelt wurde. Die Gaia erster Ordnung kann noch bis zu einem gewissen Grad von außen beobachtet werden (Lovelock spricht oft vom Blick aus dem All)[24], stellt ein vereinheitlichtes System dar und erlaubt die partielle Kontrolle ihrer Feedbackschleifen. Die Gaia zweiter Ordnung dagegen ist ein Ort des Werdens.

21 Vgl. Katie Salen und Eric Zimmerman, *Rules of Play: Game Design Fundamentals* (Cambridge, MA: MIT Press, 2004), 67.

22 James E. Lovelock, *The Vanishing Face of Gaia* (New York: Basic Books, 2009), 139ff.

23 James E. Lovelock und Michael Allaby, *The Greening of Mars* (New York: Warner Books, 1985).

24 Vgl. James E. Lovelock, Vorwort zu *Gaia: A New Look at Life on Earth* (Oxford: Oxford University Press, 2000 [1979]), XII.

Gaia 1. Ordnung	Gaia 2. Ordnung
Außen	Innen
Einheit	Vielheit
Lebendig	Lebendig
Bestreitbar	Bestreitbar

Tabelle 2: Gaia in erster und zweiter Ordnung

Wenn die Gaia erster Ordnung ihre Materialisierung im Computermodell der *Daisyworld* findet, stellt sich die Frage, ob und wie sich die Gaia zweiter Ordnung *in silico* manifestieren kann. Diese Frage ist keine reine Spekulation, da das Konzept Gaias, wie deutlich wurde, an spezifische technologische Bedingungen gebunden ist. Wenn das kybernetische Thermostat das ursprüngliche Modell Gaias ist und auch das *Daisyworld* Modell dem systemdynamischen Ansatz folgt, was wäre dann ein Modell Gaias gemäß einer Kybernetik zweiter Ordnung?

Diese Frage beinhaltet eine Perspektivverschiebung, denn die System Dynamics verfolgen im Gegensatz zur Kybernetik zweiter Ordnung einen Top-down-Ansatz. Solche Simulationsmodelle können zwar überraschende und kontraintuitive Ergebnisse zeitigen, aber ihre Strukturen und Feedbackschleifen müssen vorab definiert werden – so wie der Schaltkreis des Thermostats.

Es existieren auch andere Modellierungstechnologien, beispielsweise auf Basis zellulärer Automaten, welche emergente Strukturen ermöglichen. Hier wird nur ein kleiner Satz von Regeln für sehr simple Komponenten definiert – aber wenn diese dann während der Simulation miteinander interagieren, entstehen komplexe und unvorhersehbare Muster und Dynamiken.

Überraschenderweise existiert eine Simulation der Gaia-Theorie in einem auf zellulären Automaten basierenden Programm. Noch überraschender ist, dass es sich hierbei nicht um eine wissenschaftliche Simulation handelt, sondern um ein kommerzielles Computerspiel: Will Wrights *SimEarth: The Living Planet* (1991).

SimEarth und die Spieler-Göttin

In *SimEarth* übernimmt die Spielerin die Kontrolle über die Erde – von der Erdurzeit bis zum Anthropozän (hätte der Begriff in den 1990ern schon existiert). Sie kontrolliert die Atmosphäre, die Geosphäre und die Biosphäre, formt Kontinente, lässt Meteore vom Himmel regnen und beobachtet den Aufstieg und Untergang von menschlichen und nicht-menschlichen Zivilisationen. Sie kann verschiedene Szenarien auf der Erde auswählen, sich für die Terraformung von Mars und Venus entscheiden oder auch für das Herumspielen mit Lovelocks *Daisyworld*-Modell. In allen Fällen präsentiert sich der Planet als eine Karte mit verschiedenen Ebenen. In einem Menü können Werkzeuge gewählt werden, mit denen die Oberfläche verändert, Katastrophen hervorgerufen oder Flora und Fauna an beliebige Orte platziert werden können.

Jede dieser Aktionen kostet Energie (die hier „Omega" heißt), wovon nur ein begrenztes Kontingent besteht. Lebewesen generieren mehr Energie, die wiederum investiert werden kann. Je intelligenter die Lebensform, desto höher der Energiegewinn. So entsteht eine evolutionäre Ökonomie, mit dem Ziel, die Renditen des Energieeinsatzes nach Möglichkeit zu optimieren.

SimEarth erlaubt auch die Manipulation einiger der Modelle, die definieren, wie der Planet auf globalem Maßstab auf Spielhandlungen reagiert. Die Spielerin kann beispielsweise die Mutationsrate für Lebensformen im *biological model* ausschalten, die Wolkenproduktion im *atmosphere model* ankurbeln und im *geosphere model* die Kontinentaldrift beschleunigen. Im *civilization model* kann sie darüber entscheiden, wie eine intelligente Spezies ihre Ressourcen investiert: ob in Wissenschaft, Medizin, Philosophie, Landwirtschaft oder Kunst. Dabei müssen alle Bereiche umsichtig ausbalanciert werden. Beispielsweise führen Investitionen in die Wissenschaft zu technologischem Fortschritt, haben aber auch Krieg und Seuchen zur Folge, wenn Philosophie (als Gegenmittel zum Krieg) und Medizin kein Gegengewicht bilden. *SimEarth* verfügt damit über zwei eng verkoppelte

Ökonomien knapper Ressourcen: eine der Natur und eine der Kultur.

Die Entwicklung jedes Planeten ist in Zeitalter bzw. Level gegliedert. Um das jeweilige Zeitalter abzuschließen, muss die Spielerin definierte Erfolgsbedingungen erfüllen: Das Spiel startet im sogenannten *geological age* und tritt erst in das *evolutionary age* ein, wenn erste Lebensformen auftreten. Das *civilization age* bricht an, wenn sich intelligentes Leben bildet und geht in das *technological age* über, wenn die jeweilige Spezies die industrielle Revolution erreicht. Das höchste Level stellt das *nano-tech age* dar, in dem die Zivilisation schließlich ihren Planeten verlassen kann. Tritt dieser Fall ein, fällt der Planet ins *evolutionary age* zurück – und ein neuer Evolutionszyklus mit möglicherweise anderem Verlauf beginnt. Das Verlassen des Planeten durch die herangezüchtete Zivilisation stellt zwar nicht das Ende des Spiels dar, fungiert jedoch zumindest implizit als Spielziel.

Biologische und kulturelle Entwicklungen können in *SimEarth* ganz verschiedene Verläufe annehmen, sind aber stets auf anwachsende Intelligenz und Komplexität hin ausgerichtet. Beginnend mit Prokaryoten (Einzellern ohne Nukleus), können sich 15 verschiedene Klassen von Lebensformen entwickeln, die sich jeweils in bis zu 16 Spezies ausdifferenzieren. Die Entwicklung einer Spezies mit einem bestimmten Grad an Intelligenz ist dabei häufig die Voraussetzung für das Hervortreten einer neuen Klasse: Vögel entwickeln sich beispielsweise aus Dinosauriern, welche aus Reptilien entstehen. Die zusammenhängenden Klassen und Spezies formen einen multilinearen phylogenetischen Stammbaum.[25] Zivilisationen müssen dabei

25 Die Existenz eines solchen vorgeschriebenen evolutionären Baums deutet darauf hin, dass *SimEarth* Evolutionsprozesse nicht simuliert, sondern nur imitiert. Der Baum definiert Bahnen durch einen begrenzten Möglichkeitsraum evolutionärer Entwicklung. Jeder Verlauf ist kontingent, aber dennoch prädefiniert. Im Gegensatz dazu existieren in echten Evolutionsprozessen keine vorgefertigten Bahnen. *SimEarth* kann den Evolutionsprozess nicht vollständig simulieren, da das eine Simulation von Vererbung

 nicht zwingend menschlich sein – sie können sich auch auf Grundlage von Amphibien, Reptilien, Dinosauriern, Insekten, fleischfressenden Pflanzen, Vögeln, Walen und Trichordaten entwickeln. Unabhängig von der Spezies werden Atmosphäre und Biosphäre von den jeweiligen Zivilisationen stark beeinflusst, sobald sie das technologische Zeitalter erreicht hat.

SimEarth ist kein gewöhnliches Computerspiel. Johnny L. Wilson, Autor des offiziellen Lösungsbuchs für das Spiel, der *SimEarth Bible*, nennt es ein „laboratory on a disk."[26] James Lovelock beschreibt es in seinem Vorwort zu diesem Buch ähnlich:

> SimEarth itself is neither a game nor a science based model. [...] [I]t represents an original form; a convenient dynamic map [...] of a planet, displayed in time as well as space – something on which speculative games or models can be played, a test bed for all those „what-ifs." It is a wonderful and timely integration of our newly developed capacity to make personal computer [M]odels with our need to use them to understand the Earth and ourselves. [...] SimEarth gives you the chance to enter the Gaia argument as a player.[27]

Aber SimEarth ist mehr als ein Labor auf einer Diskette, es ist ein Spielplatz für wissenschaftlich gezähmte Möchtegern-Göttinnen. Das Phantasma allmächtiger Kontrolle schimmert deutlich in den Verkaufsargumenten auf der Verpackung auf:

auf individueller und Genom-Ebene voraussetzt. Das Simulationsmodell von *SimEarth* ist zu makroskopisch angelegt, um solche Details zu berücksichtigen. Nichtsdestotrotz ist dies möglich: Das nächste Spiel der Serie, *SimLife: The Genetic Playground* (1992) simulierte ökologische Systeme in einem kleineren Rahmen und beinhaltete ein Modell von Vererbung. In einer perfekten Simulation von Gaia wäre die mikroskopische mit der makroskopischen Simulation von Ökologien vereint – doch dies war in den frühen 1990er Jahren technisch unmöglich und ist es sicherlich noch heute.

26 Johnny L. Wilson, Vorwort zu *The SimEarth Bible* (New York: Osborn McGraw-Hill, 1991), XIII.

27 Ebd., XI.

> Take the charge of an entire planet from its birth until its death – 10 billion years later. Guide life from its inception as single-celled microbes to a civilization that can reach for the stars.
>
> Rule an infinite number of worlds.
>
> Control your planet's Geosphere, Atmosphere, Biosphere and Civilizations.
>
> Place life-forms on the land and in the seas. Put various levels of civilization where you want them. Use special Terraforming Tools to change an inhospitable world into a paradise.
>
> Unleash volcanoes, earthquakes, meteors, tidal waves, and other natural (and unnatural) powers to reshape your planet
>
> Promote life. Move mountains. Create and destroy continents. Terraform hostile worlds. Influence evolution. Cultivate intelligent life-forms. Create civilized dinosaurs, mollusks, mammals, and more. Guide your intelligent species through the trials of war, pollution, famine, disease, global warming, and the greenhouse effect.

Solche Behauptungen locken die potenzielle Spielerin durch Allmachtsfantasien. *SimEarth* setzt sie an die Stelle Gottes. Dieser Eindruck wird durch die *SimEarth Bible* erhärtet: Der zutiefst religiöse Autor tut sich schwer damit, seine kreationistische Weltsicht mit dem evolutionären Modell des Spiels in Einklang zu bringen. Aber er verwendet mit Freude quasi-biblische Zitate als Kapitelüberschriften, beispielswiese „And God Called the Dry Land Earth: The Geosphere Model"[28] und „Behold, I Create New Heavens: The Biome Factory."[29] In solchen Überschriften werden Religion und Wissenschaft in einer Weise verkoppelt, die eindeutiger nicht sein könnte.

28 Ebd., 66.
29 Ebd., 138.

Tatsächlich sind die Spiele der *Sim*-Serie nur auf der einen Seite Simulationen, die auf spezifischen wissenschaftlichen Theorien und Modellen basieren.[30] Auf der anderen Seite begründeten sie ein ganzes neues Genre von Computerspielen: die sogenannten „God Games."[31] Sie zeichnen sich durch die indirekte Kontrolle teilweise unabhängiger Agenten aus sowie durch einen panoptischen Blick auf eine virtuelle Welt, mit der unabhängig von räumlichen Restriktionen interagiert werden kann.[32] „God Games" stellen der Spielerin eine Art Spielzeugwelt zur Verfügung, auf die sie herabschauen und deren Bewohner sie beherrschen kann. Ihr Name darf freilich nicht allzu wörtlich genommen werden. Das Konzept „Gott" impliziert in der christlichen Theologie eine Allmacht, die in den Grenzen eines Computerprogramms schlicht nicht realisiert werden kann. Selbst wenn die Spielerin zur Programmiererin aufsteigen würde, wäre sie in ihren Möglichkeiten noch immer durch Programmiersprache und Hardware eingeschränkt. Doch *SimEarth* bietet weit mehr Möglichkeiten, Spielregeln zu manipulieren, als andere „God Games." *Populous* (1989) zum Beispiel ermöglicht es der Spielerin, in die Rolle eines Gottes oder einer Göttin zu

30 *SimCity* (1989) basiert auf Forresters *Urban Dynamics* (1969). *SimLife: The Genetic Playground* (1992) greift auf den *Artificial-Life*-Diskurs zurück (vgl. Christopher Langton, „SimLife from Maxis: Playing with Virtual Nature," *The Bulletin of the Santa Fe Institute* 7 (1992).) sowie auf Überlegungen zur Evolution von Richard Dawkins, beispielsweise in *The Blind Watchmaker* (New York: W. W. Norton & Company, 1986). *SimAnt: The Electronic Ant Colony* (1991) ist von Bert Hölldobler und Edward O. Wilson, *The Ants* (New York: Springer, 1990) beeinflusst.

31 Eine Definition von „God Games" findet sich bei Mark Hayse, „God Games" in *Encyclopedia of Video Games: The Culture, Technology, and Art of Gaming* , Bd. 1 (A–L), hrsg. v. Mark J. P. Wolf (Santa Barbara/Denver/Oxford: Greenwood, 2012), 264.

32 Vgl. Britta Neitzel, „Point of View und Point of Action: Eine Perspektive auf die Perspektive in Computerspielen," in *Computer/Spiel/Räume: Materialien zur Einführung in die Computer Game Studies. Hamburger Hefte zur Medienkultur*, hrsg. v. Klaus Bartels und Jan-Noel Thon (Hamburg: Universität Hamburg, Institut für Medien und Kommunikation des Departments Sprache, Literatur, Medien SLM I, 2007).

schlüpfen, die sich um ihre Anhänger sorgt, um Karmapunkte zu sammeln (als Ressource für Gotteshandlungen und Wunder). Aber im Gegensatz zur Hintergrundgeschichte ist die tatsächliche Macht der Spielerin stark eingeschränkt: Letztlich geht es nur darum, zwischen wenigen Handlungsoptionen zu wählen, um gegnerische Götter zu besiegen. *Populous* ist agonistisch angelegt und bietet nur wenig Freiraum für Experimente. Die Regeln sind strikt und können nicht geändert werden. Bei *SimEarth* dagegen gibt es kein eindeutiges Spielziel und keine Gegner. Die Spielerin kann die der Simulation zugrunde liegenden Modelle substanziell verändern. Sie erhält also tatsächlich den Eindruck, gottgleich mit einer ganzen Welt spielen zu können.

Aus dieser Perspektive erscheint *SimEarth* als Inbegriff des Größenwahns der Technowissenschaften, die Latour kritisiert. Die Simulation erhebt den Experimentator zur gottgleichen Figur. Der Zweck der Simulation der Welt ist ihre vollständige Kontrolle. Es überrascht somit kaum, dass Donna Haraway den Sim-Spielen kritisch gegenübersteht:

> The popular Maxis Corporation games SimAnt, SimEarth, SimCity, SimCity 2000, and SimLife are all map-making games based on computer simulation software. In these games, as in life itself, map-making is world-making. Inside the still persistent Cartesian grid convention of cyber-spatialization, the games encourage their users to see themselves as scientists within narratives of exploration, creation, discovery, imagination and intervention. Learning data-recording practices, experimental protocols, and world design is seamlessly part of becoming a normal subject in this region of technoscience.[33]

33 Donna Haraway, „Gene. Maps and Portraits of Life Itself," in *Modest_Witness@Second_Millenium: FemaleMan_Meets_OncoMouse; Feminism and Technoscience*, hrsg. v. Donna Haraway (New York, London: Routledge, 1997), 132f.

 Ein sonderbarer Widerspruch: *SimEarth* kommt einer Fleischwerdung der Gaia-Hypothese so nahe, wie man es sich nur vorstellen kann. Kein Wunder, denn das Spiel entstand unter den wachsamen Augen von James Lovelock selbst. Doch kann dies dieselbe Hypothese sein, der Latour prophezeit, dass sie einen neuen Typ der Wissenschaft einläutet und die Kontrollphantasien der Technowissenschaft überwindet? Wie kann ein und dieselbe Hypothese Inbegriff wissenschaftlichen Größenwahns und Vorbote einer bescheidenen ökologischen Weltsicht sein?

Die offensichtliche Erklärung wäre, dass sich in *SimEarth* die Gaia-Hypothese erster Ordnung manifestiert. Dahinter stünde die Annahme, dass bei jeder Realisierung Gaias *in silico* notwendigerweise ihre Verwurzelung in der Kybernetik erster Ordnung in den Vordergrund rückt – und damit auch der Fokus auf Kontrolle. Wie könnte es anders sein? Schließlich wird Gaia in *SimEarth* auf einem Computer simuliert, der per definitionem kybernetisch ist. Darüber hinaus muss sie den Konventionen der Computerspiele genügen, in denen es immer um Kontrolle geht. Bei näherer Betrachtung zeigt sich jedoch, dass *SimEarth* nicht so leicht zu fassen ist.

Vom Gott zum Gärtner

Eine Textanalyse der oben angeführten Verkaufsargumente eröffnet eine andere Perspektive (vgl. Tabelle 3): Einige versprechen totale Kontrolle über ein machtloses Objekt, andere dagegen nur die Regulation eines teilweise unabhängigen Agenten. Einerseits wird die Erde als bloßes Objekt beschrieben, das existiert, um von der Spieler-Göttin beherrscht zu werden, andererseits als lebender Agent mit eigenem Willen, welcher mit Vorsicht geführt und gelenkt werden muss.

Der Spielerin wird nur auf der einen Seite die Rolle einer Göttin versprochen, auf der anderen erhält sie die Aufgaben einer Gärtnerin. Die Metapher des Gärtnerns wurde von Will Wright selbst verwendet, um die Erfahrung von *SimCity* zu beschreiben

– eine Städtebau-Simulation, die *SimEarth* in ihrer Struktur ähnlich ist:

> SimCity, most people see it as kind of a train set. [...] [W]hen you start playing the game, and the dynamics become more apparent to you, a lot of time there's an underlying metaphor that's not so apparent. Like in SimCity, if you really think about playing the game, it's more like gardening. So you're kind of tilling the soil, and fertilizing it, and then things pop up and they surprise you, and occasionally you have to go in and weed the garden, and then you maybe think about expanding it, and so on. So the actual process of playing SimCity is really closer to gardening.[34]

Die Metapher ist bemerkenswert: Ein Garten ist alles andere als ein unbelebtes passives Objekt. Er ist eine Assemblage lebender (Pflanzen, Pilze, Bakterien etc.) und nicht-lebender Agenten (Erde, Steine), welche auf komplexe Weisen interagieren. Gegenüber Kräutern und Gemüse hat die Gärtnerin eine enorme Machtposition inne.

Kontrolle	Regulation
create, destroy, take charge, control, rule, terraform, unleash	guide, cultivate, promote, influence
Welt als Objekt	Welt als Assemblage teilweise eigenständiger Agenten

Tabelle 3 – Kontrolle und Regulation in SimEarth-Verkaufsargumenten.

Aber anders als eine Göttin kann sie mit dem Garten nicht tun, was sie will. Sie muss ein Verständnis für die Verwobenheit all seiner Agenten gewinnen, um mögliche Reaktionen zu antizipieren. Ein Garten kann nie vollends kontrolliert werden – sehr wohl jedoch sorgsam reguliert. Wäre es möglich, die Feedback-Zyklen zwischen Garten und Gärtnerin zu beschleunigen

34 Will Wright in einem Interview mit Celia Pearce in Pearce, „Sims, BattleBots, Cellular Automata God and Go."

(beispielsweise das Eingehen eines Tomatenstocks wegen mangelndem Gießen), sodass der kontinuierliche Rhythmus zwischen Säen, Wachsen und Jäten sichtbar würde, könnte ein Garten durchaus „gespielt werden".

Ähnlich verhält es sich in *SimEarth*. Die Welt erscheint hier eben nicht als passives Objekt. Die Handlungen der Spielerin zeitigen oft auf den ersten Blick merkwürdige und kontraintuitive Resultate, die nur durch intensive Beschäftigung mit den vielfältigen Diagrammen nachvollzogen werden können. Hinzu kommt, dass die Folgen des spielerischen Handelns durch die Dynamiken des Spiels immer wieder zunichtegemacht werden, ähnlich wie bei Unkraut, das einfach immer wieder kommt – egal was die Gärtnerin tut. Die Spielerin kann beispielsweise Dutzende von Vulkanen auf die Erde setzen, um CO_2 in die Atmosphäre zu pumpen und den Planeten aufzuheizen. Doch das Simulationsmodell des Spiels kann diesen Effekt genauso rasch wieder ausgleichen: Die steigende Temperatur führt zum Abschmelzen der Polkappen, was neue Landmassen freilegt, auf denen Wald wächst, der CO_2 bindet – was den Treibhauseffekt wieder ausgleicht.

Kontraintuitive Resultate sind ein Markenzeichen der System Dynamics.[35] *Daisyworld* ist ein Beispiel für diese Modellierungstechnik, doch die Nutzerin braucht nicht lange, um alle möglichen Variablen auszuprobieren und den zugrunde liegenden Mechanismus zu verstehen. *SimEarth* dagegen kann die Spielerin sehr viel länger überraschen, da das Spiel tatsächlich unvorhersehbare Verhaltensweisen an den Tag legt. Der Grund ist einfach: In *SimEarth* verbinden sich System Dynamics mit zellulären Automaten.

35 Jay Forrester, „The Beginning of System Dynamics," Vortrag beim internationalen Treffen der System Dynamics Society, Stuttgart, 13. Juli 1989, letzter Zugriff 28. Juli 2014, http://www.clexchange.org//ftp/documents/systemdynamics/SD1989-07BeginningofSD.pdf.

Wie bereits angedeutet, können zelluläre Automaten als Bottom-up Gegenstück zur Top-down Modellierungstechnik der System Dynamics gelten. Wo bei Letzterer die Struktur des Systems vorgegeben wird, emergiert diese bei Ersteren in unvorhersehbarer Weise aus einem sehr kleinen Set von Regeln und Komponenten. Ein Programm, das zelluläre Automaten nutzt, besteht aus einem Raster aus Zellen, wobei jede Zelle den Input ihrer jeweiligen Nachbarzelle nach festgelegten Regeln verarbeitet. Das Zusammenspiel einer großen Zahl von Zellen führt so zu unvorhersehbaren Mustern.

Wie die meisten *Sim*-Spiele von Maxis beinhaltet auch *SimEarth* zelluläre Automaten. Sie sind mit den fünf systemdynamischen Modellen verkoppelt, welche die Lithosphäre, Aquasphäre, Atmosphäre, Biosphäre und die Zivilisationen auf dem Planeten repräsentieren.[36] Einige dieser Modelle können von der Spielerin beeinflusst werden. Alle jedoch wirken auf ein gigantisches Raster zellulärer Automaten auf mehreren Ebenen mit 128 horizontalen und 64 vertikalen Kacheln zurück. Die Landkarte, mit der die Spielerin interagiert, ist die visuelle, zweidimensionale Repräsentation der Ebenen von zellulären Automaten. Fred Haslan, der Co-Designer des Spiels, gibt einen Einblick in die Komplexität dieses Zusammenspiels:

> The basic model in this game is a state-based cellular automata. Cells maintain information on all five systems mentioned above. Our cells are organized into a number of two-dimensional arrays collectively called ‚the map.' Generally speaking, cells are only affected by themselves and the eight adjacent cells – although there are exceptions. There are also a number of global values. These values record systemic state changes (such as the current era), summarized values (such as biomass or zoomass), and

36 Vgl. Fred Haslam, „SimEarth: A Great Toy," in *Integrated Global Models of Sustainable Development 3: Encyclopedia of Life Support Systems*, hrsg. v. Akira Onishi (Oxford: EOLSS Publishers, UNESCO, 2009).

> cumulative values (such as fossil fuels or nitrogen levels). [...] Each cell has 10 bytes of information. Here is a list of the values each tile contains: terrain altitude, magma drift direction, magma drift speed, ocean existence bit, ocean temperature, ocean motion direction, ocean motion speed, air temperature, air motion direction, air motion speed, air cloud density, random events, biomes, creatures, sapient objects, and a city preclusion bit.[37]

Das Ergebnis dieses komplexen Zusammenspiels zweier sehr unterschiedlicher Simulationstechniken ist bemerkenswert: Verglichen mit dem simplen *Daisyworld*-Modell verfügt *SimEarth* über deutlich mehr Potenzial, die Spielerin zu überraschen und regelrecht zu verwirren. Die Möglichkeitsräume des Spiels sind gigantisch. Jeder Spieldurchlauf ist neu. Nicht immer hat die Spielerin dabei das Gefühl, die Kontrolle über den Planeten zu behalten. Wie Haslam schreibt, stößt *SimEarth* dabei an die Grenzen dessen, was gemeinhin als Spiel gilt:

> Another limitation on the simulation was our desire to make the resulting application into a game. We had to consider what would be interesting for the player, and we had to give him the power to change the environment. Ironically, we sort of failed in our initial attempt to make *SimEarth* into a game. Players could frequently win without touching a key.[38]

Eine Simulation mag auch alleine laufen (nach der Festlegung der Startbedingungen), aber ein Spiel sicherlich nicht. *SimEarth* steht auf der Schwelle zwischen Spiel und quasi-wissenschaftlicher Simulation. Man könnte das Programm als Populärsimulation beschreiben, so wie man auch von populärwissenschaftlichen Büchern spricht.

Selbst wenn *SimEarth* der Status eines Spiels abgesprochen werden sollte, erlaubt es dennoch ein Spielen mit Gaia. Der

37 Ebd., 48f.
38 Ebd., 47f.

Medientheoretiker McKenzie Wark beschreibt seine eigene Spielerfahrung mit *SimEarth* – und einen sehr sonderbaren, jedoch durchaus passenden Spielstil:[39] Er startete das Programm jeden Tag vor der Arbeit mit unterschiedlichen Konfigurationen, ließ es laufen und kehrte abends zurück um zu sehen, was mit seinem Planeten geschehen war. Manchmal blieb die Welt karg, manchmal war eine Zivilisation aufgestiegen und niedergegangen, manchmal erfror die Welt im nuklearen Winter, manchmal überhitzte sie in Folge eines Treibhauseffekts.

> SimEarth gamers tell amazing stories: About the time the lid blew off the biosphere, but up rose a strain of intelligent robots. Or the time it ticked over for months, populated with a million sentient cetaceans, all using nanotechnology to run their watery utopia.[40]

In der Art wie *SimEarth* die Spielerin mit unvorhersehbaren Ergebnissen, auseinanderstrebenden evolutionären Pfaden und geohistorischen Verläufen überrascht, kommt das Spiel Latours autopoietischem Verständnis Gaias sehr nahe. Die Simulation ist nicht perfekt: Evolution erfolgt auf multilinearen, aber eben doch vorgegebenen Wegen und die Struktur der Modelle (der Atmosphäre, Geosphäre etc.) ist festgelegt. Die Spielerin kann zwar die Gewichtung einiger Faktoren verändern, aber nicht die Weise, in der diese miteinander zusammenhängen. Beispielsweise ist Sauerstoff grundsätzlich für das Gedeihen höherer Lebensformen notwendig (intelligentes Leben auf Basis von Methan ist unmöglich). Die Weltwerdung ist also nur teilweise kontingent. *SimEarth* bleibt ein Hybrid aus Bottom-up- und Top-down-Simulationstechniken. Doch genau das ermöglicht überhaupt erst das Spielen.

39 McKenzie Wark, *Gamer Theory* (Cambridge, MA: Harvard University Press, 2007), §201ff.

40 Ebd., §213.

Kann Gaia gespielt werden?

Lovelocks Hypothese war stets stark umstritten und wurde häufig wegen ihrer Vagheit und mangelnden Falsifizierbarkeit kritisiert.[41] Wissenschaftlich teilweise akzeptiert wurde sie erst, als Lovelock seine Überlegungen in Gleichungen explizierte und in eine Simulation überführte, um die Prinzipien Gaias zu verdeutlichen. Der Rückgriff auf die mathematische Zeichensprache sowie die Realisierung eines funktionsfähigen Computermodells bewiesen scheinbar, dass Gaia tatsächlich funktionieren kann – was gebaut werden kann, ist auch möglich. Die Umsetzung Gaias *in silico* ist damit mehr als eine Illustration – es ist eine Machbarkeitsstudie.[42]

Dies gilt jedoch nur für das Verständnis Gaias durch Lovelock – einer Gaia, die dem kybernetischen Modell eines Thermostats nachempfunden ist. Latours Gaia dagegen kann nur schlecht durch eine Simulation verdeutlicht werden, die dem Ansatz der System Dynamics folgt. Die autopoietische Natur dieser Gaia steht im Widerspruch zu deren vordefinierten Rückkoppelungsschleifen.

Das Entscheidende an Latours Verständnis von Gaia ist ihre unbedingte Emergenz – die absolute Kontingenz aller biochemischen Prozesse bis hin zur Atmosphärenbildung. Alle Bedingungen des Lebens sind Produkt des bisherigen Zusammenspiels von Leben und Unbelebtem. Nichts ist gesetzt, alles ist werdend. Eine Simulation auf Basis zellulärer Automaten könnte solche

41 Eine Übersicht der üblichen Kritikpunkte findet sich bei James W. Kirchner, „The Gaia Theory: Fact, Theory, and Wishful Thinking," *Climatic Change* 52 (2002), letzter Zugriff 30. Juni 2014, http://seismo.berkeley.edu/~kirchner/reprints/2002_55_Kirchner_gaia.pdf.

42 Darüber hinaus erlaubt das mathematische Modell eine substanziellere Kritik der Prämissen der Hypothese – Gaia konnte Objekt kritischer Diskussionen innerhalb der Wissenschaften werden. Vgl. bspw. Kirchners Diskussion der Prämissen des *Daisyworld*-Modells im vorherig genannten Artikel.

unvorhersehbaren kontingenten Muster, Zyklen und Feedbackschleifen hervorbringen.

Eine solche Simulation, in der alle Lebensformen sowie deren Umwelten und die Feedbackschleifen zwischen ihnen aus dem Zusammenspiel digitaler Entsprechungen (bio-)chemikalischer Moleküle erwachsen, ist natürlich unmöglich. Und selbst wenn sie jemand konstruieren würde, wäre ihre Komplexität so groß, dass ihre Resultate kaum analysierbar wären. Die perfekte Simulation Gaias wäre so komplex und so undurchsichtig wie die echte Welt.

Würde dennoch jemand versuchen, eine solche Gaia zu modellieren, hätte das Ergebnis wohl Ähnlichkeiten mit SimEarth. Die Zivilisationen aus Robotern und Dinosauriern im Spiel mögen ihre Wurzeln in der Popkultur haben – doch gerade dieser spielerische Ansatz ist der Konzeption Gaias angemessen. Die enorme Varianz möglicher Weltgeschichten im Spiel führt vor Augen, worum es bei Gaia geht: Die Tatsache, dass dieser oder jener Kreislauf von Stickstoff oder Kohlendioxid in kybernetischen Feedbackschleifen modelliert werden kann, ist nicht entscheidend.

Die Provokation der Gaia-Hypothese liegt in der Beschwörung eines sich ständig selbst hervorbringenden und dabei absolut kontingenten allumfassenden Wesens. Gaia kann nicht gebaut werden, Gaia muss aus sich selbst erwachsen. Eine solche Weltsicht ist keine gute Grundlage für eine auf Objektivität zielende Wissenschaft, in der Wissen stets in eindeutigen Gleichungen formuliert wird. Die Gaia-Hypothese (zumindest bei Latour) ist möglicherweise nicht besonders geeignet, um die Naturwissenschaften theoretisch neu zu fundieren. Sie könnte sich jedoch als gute Grundlage für die Untersuchung möglicher welthistorischer Verläufe erweisen. Die Faktizität unserer Welt würde sich so in Kontingenz auflösen – unsere tatsächliche Erdgeschichte wäre nur noch ein möglicher Verlauf von vielen. Aus einem solchen Verständnis heraus wäre es unsinnig, Gaia kontrollieren zu wollen. Sehr wohl jedoch könnte mit ihr gespielt werden.

Bibliografie

Bertalanffy, Ludwig von. *General System Theory: Foundations, Development, Applications*. New York: George Braziller, 1968.

Clarke, Bruce. „Neocybernetics of Gaia: The Emergence of Second-Order Gaia Theory." In *Gaia in Turmoil: Climate Change, Biodepletion, and Earth Ethics in an Age of Crisis*, hrsg. v, Eileen Crist und Bruce H. Rinker, 293–314. Cambridge, MA: MIT Press, 2009.

Dawkins, Richard. *The Extended Phenotype: The Long Reach of the Gene*. Oxford: Oxford University Press, 1982.

Dawkins, Richard. *The Blind Watchmaker*. New York: W. W. Norton & Company, 1986.

Doolittle, W. Ford. „Is Nature Really Motherly?" *The CoEvolution Quarterly*, Nr. 29 (Spring 1981): 58–63.

Foerster, Heinz von. „On Constructing a Reality." In *Understanding Understanding: Essays on Cybernetics and Cognition*, hrsg. v. Heinz von Foerster, 221–227. New York: Springer, 2002 [1973].

Forrester, Jay. *Urban Dynamics*. Waltham, MA: Pegasus Communications, 1969.

Forrester, Jay. *World Dynamics*. Cambridge, MA: Wright-Allen Press, 1971.

Forrester, Jay. „The Beginning of System Dynamics." Vortrag beim internationalen Treffen der System Dynamics Society Stuttgart (13. Juli 1989). Letzter Zugriff 28. Juli 2014. http://www.clexchange.org//ftp/documents/systemdynamics/SD1989-07BeginningofSD.pdf.

Haraway, Donna. „Gene. Maps and Portraits of Life Itself." In *Modest_Witness@Second_Millenium: FemaleMan_Meets_OncoMouse; Feminism and Technoscience*, hrsg. v. Donna Haraway, 131–172. New York, London: Routledge, 1997.

Haslam, Fred. „SimEarth: A Great Toy." In *Integrated Global Models of Sustainable Development 3: Encyclopedia of Life Support Systems*, hrsg. v. Akira Onishi, 47–67. Oxford: EOLSS Publishers, UNESCO, 2009.

Hayse, Mark. „God Games." In *Encyclopedia of Video Games: The Culture, Technology, and Art of Gaming*. Bd. 1 (A–L), hrsg. v. Mark J. P. Wolf, 264–266. Santa Barbara/Denver/Oxford: Greenwood, 2012.

Hölldobler, Bert und Edward O. Wilson. *The Ants*. New York: Springer, 1990.

Kirchner, James W. „The Gaia Theory: Fact, Theory, and Wishful Thinking." *Climatic Change* 52 (2002). Letzter Zugriff 30. Juni 2014. http://seismo.berkeley.edu/~kirchner/reprints/2002_55_Kirchner_gaia.pdf.

Langton, Christopher. „SimLife from Maxis: Playing with Virtual Nature." *The Bulletin of the Santa Fe Institute* 7 (1992): 4–6.

Latour, Bruno. *An Inquiry into Modes of Existence: An Anthropology of the Moderns*. Cambridge: Harvard University Press, 2013.

Latour, Bruno. „Gifford-Lectures: Facing Gaia – Six Lectures on the Political Theology of Nature", Edinburgh, 18. bis 28. Februar 2013. Letzter Zugriff 9. Dezember 2017, http://www.bruno-latour.fr/sites/default/files/downloads/GIFFORD-ASSEMBLED.pdf.

Lovelock, James E. *Gaia*. Oxford: Oxford University Press, 1979.

Lovelock, James E. „Biological Homeostasis of the Global Environment: The Parable of Daisyworld." *Tellus: Series B* 35 (1983): 284–289.

Lovelock, James E. *The Ages of Gaia: A Biography of Our Living Earth*. New York: W. W. Norton & Company, 1995.

Lovelock, James E. Vorwort zu *Gaia: A New Look at Life on Earth*. Oxford: Oxford University Press, 2000 [1979].

Lovelock, James E. *The Vanishing Face of Gaia*. New York: Basic Books, 2009.

Lovelock, James E. und Michael Allaby. *The Greening of Mars*. New York: Warner Books, 1985.

Lovelock, James E. *Ages of Gaia*. Oxford: Oxford University Press, 1995 [1988].

Margulis, Lynn und Dorion Sagan. *What is life?* Oakland, CA: University of California Press, 2000.

Meadows, Donella H., Dennis L. Meadows, Jorgen Randers und William W. Behrens III. *The Limits to Growth*. New York: Universe Books, 1972.

Maturana, Humberto R. und Francisco J. Varela. *Autopoiesis and Cognition: The Realization of the Living*. Dordrecht/Boston/London: Reidel Publishing, 1980 [1972].

Neitzel, Britta. „Point of View und Point of Action: Eine Perspektive auf die Perspektive in Computerspielen," in *Computer/Spiel/Räume: Materialien zur Einführung in die Computer Game Studies. Hamburger Hefte zur Medienkultur*, hrsg. v. Klaus Bartels und Jan-Noel Thon, 8-28. Hamburg: Universität Hamburg, Institut für Medien und Kommunikation des Departments Sprache, Literatur, Medien SLM I, 2007.

Pearce, Celi. „Sims, BattleBots, Cellular Automata God and Go: A Conversation with Will Wright by Celia Pearce." *Game Studies* 2, Nr. 1 (2002). Letzter Zugriff 3. Juli 2014. http://www.gamestudies.org/0102/pearce/.

Salen, Katie und Eric Zimmerman. *Rules of Play: Game Design Fundamentals*. Cambridge, MA: MIT Press, 2004.

Wiener, Norbert. *Cybernetics: Or Control and Communication in the Animal and the Machine*. Cambridge, MA: MIT Press, 1948.

Wilson, Johnny L. Vorwort zu *The SimEarth Bible*. New York: Osborn McGraw-Hill, 1991.

Wark, McKenzie. *Gamer Theory*. Cambridge: Harvard University Press, 2007.

AutorInnen

Alexander Friedrich ist Wissenschaftlicher Mitarbeiter am Institut für Philosophie der Technischen Universität Darmstadt. Seine Forschungsinteressen umfassen Begriffsgeschichte und Metaphorologie, Technik- und Kulturphilosophie.

Petra Löffler lehrt Wissens- und Kulturgeschichte an der Humboldt-Universität zu Berlin. Sie forscht zu Medienarchäologie, Medienökologie, Archivpraktiken und materieller Kultur.

Niklas Schrape ist freischaffender Medienwissenschaftler und arbeitet als Senior-Stratege in der Berliner Social Media-Agentur Granny.

Florian Sprenger ist Juniorprofessor für Medienkulturwissenschaft an der Goethe Universität Frankfurt und forscht zur Geschichte der Medientheorie, zu künstlichen Environments und zur Gegenwart digitaler Kulturen.

www.ingramcontent.com/pod-product-compliance
Ingram Content Group UK Ltd.
Pitfield, Milton Keynes, MK11 3LW, UK
UKHW041952190726
13854UKWH00005B/1912

9 783957 961204